日本阳明学研究名著译丛

邓红　欧阳祯人——主编

朱子学与阳明学

[日]岛田虔次 著

蒋国保 译

山东人民出版社·济南

国家一级出版社　全国百佳图书出版单位

图书在版编目（CIP）数据

朱子学与阳明学/（日）岛田虔次著；蒋国保译.--济南：
山东人民出版社，2022.1
（日本阳明学研究名著译丛）
ISBN 978-7-209-11944-3

Ⅰ.①朱… Ⅱ.①岛… ②蒋… Ⅲ.①朱熹（1130—
1200）—哲学思想—研究 ②王守仁（1472—1529）—哲学
思想—研究 Ⅳ.①B244.75 ②B248.25

中国版本图书馆CIP数据核字（2019）第119153号

SHUSHIGAKU TO YOMEIGAKU
by Kenji Shimada
© 1967, 2000 by Motoko Shimada
Originally published in 1967 by Iwanami Shoten, Publishers, Tokyo.
This simplified Chinese edition published 201X
by Shandong People's Publishing House, Jinan
by arrangement with Iwanami Shoten, Publishers, Tokyo

朱子学与阳明学
ZHUZIXUE YU YANGMINGXUE
［日］岛田虔次 著 蒋国保 译

主管单位	山东出版传媒股份有限公司
出版发行	山东人民出版社
出 版 人	胡长青
社 址	济南市市中区舜耕路517号
邮 编	250003
电 话	总编室（0531）82098914
	市场部（0531）82098027
网 址	http://www.sd-book.com.cn
印 装	山东新华印务有限公司
经 销	新华书店
规 格	16开（169mm×239mm）
印 张	11.5
插 页	1
字 数	155千字
版 次	2022年1月第1版
印 次	2022年1月第1次
ISBN	978-7-209-11944-3
定 价	32.00元

如有印装质量问题，请与出版社总编室联系调换。

《日本阳明学研究名著译丛》为贵州省 2016 年度哲学社会科学规划国学单列课题（16GZGX09）。

本国学单列课题由贵州省社科规划办和贵阳孔学堂文化传播中心共同出资设立。

谨此致谢

《日本阳明学研究名著译丛》总序

"阳明"是中国明代思想家王守仁（1472—1529）的号。王守仁因筑室阳明洞讲学而名声大噪，世称"阳明先生"，称他的学说以及王门学问为"阳明之学""阳明之说"等。在《明儒学案》里，王阳明本人的学术被称为"姚江之学"，弟子们被称为"王门之学"，但是"阳明学"这一称谓，当时没有在中国流传开来。

作为一门近代学科的名称，"阳明学"是个典型的"和制汉语"，出现于 19 世纪八九十年代的日本。在此之前，日本人对王阳明一派的学问，也沿袭中国的学问传统，称"姚江"或"王学"。19 世纪末到 20 世纪初叶，日本出现了一场由三宅雪岭、德富苏峰、陆羯南等当时的一些鼓吹日本主义的媒体人发动的、批判明治政府以"鹿鸣馆"为表象的全盘西化政策的社会运动。他们自称这场社会运动的目的是创造日本"国民道德"，创办了一本名为《阳明学》的杂志作为运动的主要阵地，于是"阳明学"这个类似于学术流派的名称成了这场精神运动的名称。

日本阳明学虽然号称起源自中国明代王阳明的姚江学派，但有完全不同的发展历程和自己的特色。在"阳明学运动"开展期间，出版了两本日本阳明学著作，奠定了日本阳明学的学术基础。一是高濑武次郎（1869—1950）的《日本之阳明学》（1898 年铁华书院出版）。《日本之阳明学》以教科书的形式，分发端、陆象山、王阳明、心即理、知行合一、日本之王学者等章节对阳明学进行了阐述。二是井上哲次郎（1855—1944）的《日本阳明学派之哲学》（富山房 1900 年出版），该书

001

按流派和人物全面论述了日本阳明学派的源流、哲学内容和思想特征。这两本书给予将日本阳明学传播到中国来的梁启超、张君劢、朱谦之等以重要影响。

但是与轰轰烈烈的日本阳明学之社会运动相比，日本作为学术研究的阳明学研究一直处于低潮。直到 20 世纪 40 年代，日本京都大学出现了两个阳明学研究方面的先驱者。

一是京都大学人文研究所研究员安田二郎（1905—1945）和他著述的《中国近世思想研究》（京都弘文堂 1948 年出版）。安田认为中国古代哲学家孔子的《论语》和王阳明的《传习录》那样的语录式著作，看上去杂乱无章，但内部有着某种必然的逻辑体系，于是他运用西方哲学史手法在《传习录》和其他朱王著作中去寻找这个逻辑，此书便是他研究的结晶。

二是京都大学原教授岛田虔次（1917—2000）的著作。岛田曾写过三本关于阳明学的著作。第一本是《中国近代思维的挫折》（1949 年筑摩书店出版，1970 年修订再版）。在该书中，岛田试图从王阳明、泰州学派、李贽的思想展开过程中，寻找中国近代思想，主要是近代市民意识的"萌芽"。第二本是《朱子学与阳明学》（岩波新书 C28，1967 年出版）。该书虽然是面向社会的通俗读物，写得简单通俗易懂，岛田却自认是对自己阳明学研究的总结。作为通俗读物，该书最大的特点在于将自己的阳明学论文和著作论证过的主要观点浓缩而总结概括出来。第三本是《中国思想史研究》（2002 年由京都大学出版会出版。邓红翻译，上海古籍出版社 2009 年出版）。日本和中国学界一般认为安田和岛田开创了战后日本的阳明学研究，特别是岛田，堪称世界阳明学研究的先驱。

随后，日本九州大学文学部中国哲学史研究室涌现出了一个阳明学研究群体。第一任教授楠本正继（1886—1963）著作有《宋明时代儒学思想之研究》（东京：广池学园出版部 1962 年出版）、《楠本正继先生中国哲学研究》（东京：国士馆大学附属图书馆 1975 年出版）。著名阳明学研究者冈田武彦、荒木见悟等都是其弟子。

日本最高学府东京大学的阳明学研究代表为山井涌（1920—1990），1964—1981 年任东京大学教授，《明清思想史研究》（东京大学出版会 1980 年出版）是他毕生研究的结晶，收集了中国近世思想史方面的 19 篇论文。在此之后，日本出现了山下龙二、友枝龙太郎、岩间一雄、沟口雄三、福田殖等阳明学家，延续至今。

如上所述，日本的阳明学研究发展起步较早，在很长一段时期内处于世界的领先地位，涌现出了一批世界级阳明学研究专家，出版了一系列阳明学研究的学术名著，形成了资料丰富、视野开阔、推论细腻、各当一面、深耕细掘的研究特点。他们的研究成果是全人类的共同财富，具有深远的学术意义，可为中国的阳明学研究提供借鉴。

中国的阳明学研究因为众所周知的原因在一段时期内严重滞后，但自从 1978 年改革开放以后，开始摆脱了教条主义的束缚，学者们积极从事学术研究活动，善于吸收外来先进成果，与海外学者特别是日本学者形成良好互动的学术局面，从而出现了一大批研究成果，掀起了一阵阵的阳明学热潮，在某些方面甚至可以说已经在世界处于领先地位。但是从整体上看，中国阳明学研究还没有完全恢复"心学固有的活泼天机状态"，还没有过日本阳明学在日本近代化进程、国民道德建设中发挥过巨大作用那样的成就，在冈田武彦式的民众启蒙和企业伦理教育的群众性实践活动方面也还有学习借鉴的余地。

本丛书以"知行合一、付诸实践"为宗旨，以吸收、参考、借鉴日本阳明学"知行合一、强调事功"的长处为主题，沿着上述日本阳明学的发展历程来翻译介绍日本阳明学研究名著。

以往也有一些日本方面的阳明学著作被翻译介绍到中国，但都显得零乱无序，既没有形成一套介绍推广日本阳明学研究成果的体制，也没有按照日本阳明学研究的历史发展来选择翻译对象，而是各取所好，有的译著甚至不是学术著作，翻译成果甚至还有不专业之处。

有鉴于此，本丛书旨在全面、系统、专业地翻译出版日本的阳明学研究成果。本丛书编委会在中日两国的中国哲学史学界集聚了一批精通中日双语的翻译人才。

本丛书的学术总顾问是武汉大学国学院院长郭齐勇教授。长期以来，郭教授为推动武汉大学乃至全国的阳明学研究，做出了极大的努力。武汉大学阳明学研究中心为这套丛书的翻译与出版做出了重要的贡献。本丛书的翻译者蒋国保教授、邓红教授都毕业于武汉大学，年青一代的陈晓杰博士、连凡博士、焦堃博士、符方霞博士、张亮博士分别毕业于日本关西大学、九州大学、京都大学和北九州大学，不仅精通日语，而且也是真正的阳明学研究的专家。陈晓杰博士、连凡博士、焦堃博士是武汉大学的在职教师，张亮博士是武汉大学的博士后，符方霞博士任教于广西师范学院外国语学院。

本丛书的日方主编邓红教授，1982 年毕业于武汉大学历史系，后来于日本九州大学中国哲学史专业博士毕业，直接聆听过冈田武彦、荒木见悟、福田殖等先生的教诲，现任武汉大学中国传统文化研究中心兼职教授。本丛书的中方主编欧阳祯人教授为武汉大学阳明学研究中心主任，《阳明学研究》杂志的执行主编，中华孔子学会阳明学研究会副会长，长期从事儒家性情思想和陆王心学的研究。所以，丛书的主编和翻译者们都长期浸润于阳明学和中国思想研究，有的本人便是驰名中外的阳明学家。他们对世界阳明学的研究动向有着深刻的把握，对日本阳明学研究的历史发展了如指掌，对先行研究的优缺点有着明晰的认识，对本丛书的翻译对象都仔细研读过，选定的都是日本最经典、最具代表性的阳明学研究著作，不仅能够为中国的学者们提供最佳参考资料，为中国的读者们提供满意的读物，而且能够为当政者提供重要的借鉴。

《日本阳明学研究名著译丛》为贵州省 2016 年度哲学社会科学规划国学单列课题（16GZGX09），是武汉大学中国传统文化研究中心近年来取得的重大研究成果。本"国学单列课题"由贵州省社科规划办和贵阳孔学堂文化传播中心共同出资设立。贵州是王阳明"悟道"的圣地，多年来贵州省为中华民族优秀传统文化的传承和创新做出了巨大的贡献，贵阳市和贵阳孔学堂为阳明学研究的发展和心学的实践做出了不懈的努力，在此特致以由衷的感谢。

邓　红　欧阳祯人
2020 年 10 月吉日于武汉珞珈山麓

序

"为天地立心，为生民立命，为往圣继绝学，为万世开太平。"此张载之名言，宋儒所追求之理想也。从程、朱、陆、王到顾、黄、王、李，其哲学倾向虽不尽同，而理想追求，"希圣希贤"，却一脉相承。这种内向的理想主义，虽属空想性质的悲剧结局，但无疑代表着中国儒学的主流，是宋明理学精神之所在，亦是我中华民族欲突破"中世纪"、奔向近现代而坎坷前行、自强不息的思想文化折光。

岛田虔次教授潜研理学数十载，撰成《朱子学与阳明学》一书，较准确地把握了宋明理学这一主题，而展现出理学发展的内在逻辑，为初研宋明理学者提供了一个简要的读本，自一九七六年五月第一次印行后，五年间连连再版十六次。最近一海外友人告知，该书已有德文译本，甚盼能有中文译本问世。安徽蒋国保同志为学刻苦，积两年之辛劳，现译就此书，并得到岛田虔次亲笔校正，二人特敦余为之作序，以期付梓。余拜览原作、译稿，深感其不愧为有心之作，若能尽快出版，定会促进中日学术交流之发展。谨序数行，以识景仰。

陈俊民
一九八六年春节序于
古都西安陕西师范大学

中文版自序

这本书刊行,已经有二十年了。其间我对宋明理学的基本观点,一直没有改变。当然,在这二十年中,在不少的地方,我的理解有了进步。可那都是细节上的事情,不关乎大纲。这次由于蒋国保先生的翻译,使它能够和中国读者见面,我很高兴。我衷心感谢蒋先生的厚意,衷心希望大家不吝赐教。

借这个机会,我想把脑中浮现出来的事情,随便写下几个,以代序文。

一、关于我对佛教的态度。我并不否认佛教对于宋学的影响。可是我怎么也不能够赞成一种说法,说宋学的根本精神,宋学理论的一一细节,都是佛教的翻版。我以为这个现象只意味着属于同一类型的思想(譬如儒教的性善说和佛教的如来藏说)往往从同一发展类型而发展。还有,过度强调"影响"时,能不招致这样的情况么:就是很容易忘掉中国一般人民的生活意识才是中国哲学思索的盘基这一回事。譬如说,"理"这个话作为百姓日用的话,什么样的场合使用它、什么样的场合不使用它,它究竟有什么意思,这样的问题仿佛是从来没有人研究过的。我是平生怀着这样的不满的。

二、已故的安田二郎先生,在四十年以前的论文里指出过朱子的"理"有三层意思:(1)最广义的意思是"意味"(说存在和意味的时候的意思);(2)限定一些,它是法则性;(3)最狭义的意思是个别性(马之理、牛之理之类)(安田《中国近世思想研究》,一九四八年,新版一九七六年)。我好久之间没有了解他所说的意思,尤其是第一和第二之间的关联。可是数年前忽然想到这个问题是应该这么了解的：就是朱子所说的理之两个性质"所以然之故"和"所当然之则"之间，前者是关于意味的，是基本性的。要不然，我们根本不能理解《朱子语类》第一卷十三条所说的话。在这个最广义的场合，朱子的哲学是理气二元论（存在论）。虽然如此，却不能否认朱子哲学的根本动机是伦理性的，道德主义的。要是这个动机很强烈，那么理的法则性方面则明显起来。在这个场合，朱子的哲学是理一元论（或者说无限接近于理一元论的理气二元论）。一般说来，安田先生学说中最有名的大概是"朱子学是从下向上的理论，阳明学是从上向下的理论"，这个命题（意思是：依照由现实实践工夫向上到究极理想的过程所建立的理论，和依照由究极理想向下到现实实践的过程所建立的理论）本书没有说及。可是理有三层这个分析也是很重要的。现在想，我在本书中没有涉及，可谓是遗憾的事。

三、前几年，我看到了汤浅泰雄《东洋的良心论之特质——比较伦理学的尝试》（收入《东洋文化之深层》，一九八一年）和井筒俊彦《意识与本质》（一九八三年）。这两本书对于朱子的"豁然贯通"之说，不期而然地下了个同样的解释，就是说深层心理学上的、深层意识论上的解释。汤浅先生说，这个"豁然贯通"，明明白白不是近代意义上的知的认识，它像禅宗所说的"见性"那样，表达出一种独特的经验，就是深层心理的能量之醒悟、喷出之经验。井筒先生也这样看，但他从相反的方向来说："（豁然贯通是）意识之从其表层到最深层的飞跃、冲入""意识的度之转换"。原来对于"豁然贯通"会有两个解释。一个是像刚才提到的两位先生说过的那样，把意识分作表层深层两个部分，而下个垂直性的解释。另外一个是像伦理学所讲的"归纳法的飞跃"那样，下个水平性的解释。从来大家采用的方法，我觉得是后者为最多。而且依照程子、朱子有关文章来看，我们不得不承认这样的解释也是很有理由的。那么，到底哪一个看法是对的？——宋明理学的哲学者们一般有一种倾向，忌讳言及关于深层意识的事情，这是不能否认的事实。在儒教哲学，最贫乏的是关于深层意识的研究。我以为，近代熊十力的哲学之所以为难能可贵者在此。他毫无忌惮地采取了佛教唯识哲学的深层意识论，而把阳明学（及王船山）到达过的儒教哲学的阶段更推前了一步。还有，熊先生坚持了儒教传统哲学的"有"之立场。今天论述东洋哲学的几乎没有例外地说东洋哲学立足于"无"之立场，它是"无"之哲学（这是以我所知道的日本的情况而说的，他们提到的差不多都是佛教、禅宗的哲学）。相形之下，熊先生的儒教哲学愈加值得注意。"有"之哲学到底有没有和"无"之哲学比美之价值，我想，这也是值得研究的问题。

四、既是物质，同样也是一种能量，"气"是这样的一种东西。这好像是最近最有力的看法。老实说，我写这本书的时候，根本没有想到这个看法。我并不是反对这个看法。但是，我最近在中国的杂志上看到过像"气是能量流"这样的表达，我不得不为之怀疑。把那个定义的前一半截掉，只用下一半，我想还是不够十分准确的、有时候简直是错误的。

五、侯外庐先生曾说："在十六世纪，特别是十六世纪后半期至十七世纪初的中国，哲学思想呈现出了创造性研究的活跃气氛，可以和战国诸子百家争鸣的时代比美。"（《历史研究》，一九五七年十期）。王阳明——阳明学左派在活动的时代就是这个时代。我以为侯先生此说是颠扑不破的。

最后，对于蒋先生不顾麻烦敢于翻译我的粗糙的日文，再一次表示深厚的感谢，对于读者诸先生再一次恳请不吝赐教。

岛田虔次

一九八六年四月于日本京都

目　录

1000—1700 年代大事年表

第一章

新哲学的起点

一、佛教、道教的所谓影响

为天地　为万世

朱子的先驱者之一，北宋的张横渠的名言中有"为天地立心，为生民立道，为去圣继绝学，为万世开太平"这样四句（《近思录》二）。最后的"为万世开太平"这一句，因一九四五年八月十五日那个停战诏书里引用过，故还有很多人记得吧！该语的逐字逐句的解释，现在省略。但无论如何请首先记住这一格言。这是因为我以为：作为表现宋学的根本精神、根本性质的语言，再也没有比这更精彩的格言了。在进行详细论述之前，首先点出口号性的格言，给予人们一个极其概略的图像，这对于过去思想的理解，并不是无效的方法。在我国，因存在着这样的倾向——若说到宋学、朱子学，则几乎反射地感觉"肃杀之气充塞宇宙"（荻生徂徕），也许特别有效。而且，中国的宋学（其结晶即朱子学）同日本的朱子学不同，假如将张横渠的这四句取为标准，则某种程度上不是能清楚地领悟它吗！就是说我国的朱子学，极其缺乏为天地、为人类、为学之传统，而且也缺乏为万世这样的规模雄大的精神。

所谓"影响"论

论述宋学（朱子学）之起源或性质的场合，首先被提到的据说是道教和佛教的影响。尤其强调佛教影响这件事。有时讥为无佛教则无宋学，宋学是"阳儒阴佛"等。例如，宋学倾向形而上学、倾向思辨的性质这一特点，被视为来源于佛教；认为宋学的中心概念的"理"之说，不是儒教里本来的意思，是从佛教里盗窃来的。荻生徂徕说，儒教本来是"博而寡要"（《史记》中评价儒教的语言），这是它的本质性格；但是，如宋学，却论述作为贯通一切之纲的"理"啦什么的，即便以这一件事，其也表示自己无外乎佛教（《辩道》）。此外，这种议论，在所谓中国哲学史和宋学的解说书等之中，多少能够看到；而江户时代的儒者太田锦城的《疑问录》《九经谈》等书内，列举了其论点。譬如，宋学、特别朱子学里喋喋不休的"本然之性"和"气质之性"的对立，不外乎是《首楞严经》的本然性、和合性的翻版；"道统"之说是禅宗的"嫡嫡相承，以心传心"之"传灯"说的改头换面；宋儒作为修养方法提倡的"静坐"，确凿就是坐禅。另外，这一句是某大师的话，那一句是何佛经的语言，被细致入微地指出。

宋学的创立同佛教和道教确有关系，受他们的影响是不可怀疑的；但是，假如像这样只是提出表面的语言类似和平行现象来说的话，则完全陷入了无界限的罗列；而且，其中屡屡出现由于某种党派性的夸张、来自反宋学的、反性理学的立场（在中国是考证学派，在日本是古学派等）的攻击之意图而歪曲的事也是明显的。现在我想在下面陈述我认为在佛教、道教二者的所谓影响的内容中具有最确实且最本质之意义的那些内容。

佛教的影响　体用逻辑

在佛教方面，首先想举"体用逻辑"这一点。所谓体用的逻辑是什么？所谓体用，总之是相对"因果"而言的概念。假如借用《大乘起信论》的比喻，相对于因果关系是风同波的关系，而所谓体用关系则可以说是水同波的关系。作为定义，像"所谓体是根本的，第一性的东西，所谓用是派生的，第二性的东西"[1]这样的看法，虽极含混不明确，也可以考虑。即便认为它是指实体和作用、本体和现象，假如对这些概念规定不是过于神经质的话，也无妨。在因果概念里说的是所谓因果别体，因同果是互相分开的，可是在体用概念里经常有所谓"体用一致""体即用，用即体"，这一点是它的特征。例如，佛教所说的般若和方便，就被视为立于体用关系的范畴。清朝的末期，亦出现了倡导所谓"中体西用"论的事，即喊出这样的口号，把作为道义之学的"中学"（中国固有的学问）叫作"体"，将作为自然科学和技术学的西学叫作"用"。

这个体用概念，果真源于佛教吗？还是儒教里本来有的观点？关于这个问题，早在清朝的初期，就已经在中国的学者之间产生了论争。但就我所看到的范围而言，我认为将体用概念纯粹地视为起源于中国的概念是没有根据的，因为那些主张起源于中国的学者所举的例子，几乎全是"体"一字，或"用"一字的例子，但体用概念最重要的、体和用成对用的例子，可以说一个也没有，而像这样的例子，且被视为系统的东西，可以毫不夸张地说只限于佛教经典。例如，关于六朝时代的梁武帝（五〇二至五四九年在位）的论文《立神明成佛义记》中"无明体上，有生有灭，生灭是其异用，无明心义不改"这一段的臣下的注释里就有："既有其体，便有其用；语用非体，论体非用，用有兴废，体无生灭……体之与用，不离不即"（《弘明集》九），就是其［体用成对用］一例。

无造物主

作为如此思辨之范畴的体用概念，唐以前，即便在儒教的或者儒教以外的中国固有的文献里，到目前为止，几乎未能发现。但是，根据我的思考，我认为，体用概念是非常容易同中国式的思辨融合的东西，中国思想可以说是本来的或潜在的体用思想。作为绝对他者的神从无创造了世界，这可以说是基督教的因果说（神是因，世界是果），与此相反，对不具有这样的创造神或者创造者的中国式思辨（佛教也没有这样的创造神）来说，其逻辑的根本形式，我认为在体用逻辑之外是不会有的。三世纪末的思想家郭象的《庄子注》在《庄子》注释书之中是有代表性的著作，其中有如下一节，即《知北游》篇对"未有天地可知邪"这一再求的提问，孔子回答："可，古犹今"那一节；该节还提出了"物物者非物"（使什么物成为什么物的物，不能是与那什么物相同维度的物）这一命题。对这二处，郭象这样注：

> 孔子曰：天地常存，无有不存之时。非惟无不能化为有，有亦不能化为无，自古无未有之时。究竟先于物者是什么？试将先于物者为阴阳，但阴阳不外乎是所谓物；以自然作为先于物者，但所谓自然，无非是（指）物之自然而然（物之自尔）；试将至道作为先于（物者），所谓至道，总之是至无，既然是无，则先于物的理当是无（没有）。那么先于物者是什么呢？物却依旧继续有而不已，明矣，（物之有）是物之自然而然的那样（物之自然），非有使之然者的有。

这里所说的（至）道是（至）无，在魏晋时的思想界可以说是常识。——并且，在几乎同时的其他学者的论文里也有：

> 说起来，虽然尝试仔细研究过天地之运行、万物之运动，但未能发现使之那样运动者，一切在太虚里因自己的原因而产生（独化），忽然地制造出自身（自造），无有制造出它的主体者这样的东西（造之者非我）。理是自然而然的玄应（超越地呼应）。生出它的主体这样的东西不存在（化之无主），数是自然而然地冥运（默默不语之中凑巧发生）。（韩康伯关于《周易·系辞传》"阴阳不测谓之神"的注）

这里所说，应该说是把中国式的世界观之一端精彩地定型化的说法。但是，像这样的观点，若把它上升为抽象的逻辑形式，则当然应该采用体用这样的形式。因而应当认为，体用逻辑被儒教所吸收，与其说是作为异种逻辑全然地被消化，倒不如说它起到了恰如放入豆腐里的卤水那样的作用。不管怎样，那个逻辑在佛教家之间被精炼这一点是明显的。其完成的形态，在天台（宗）和华严（宗）里，清楚（有时都看得腻烦）可见。隋唐时代，在大多数的佛教哲学里的"体用"范畴的运用，是机械的、频繁的，全然达到了只可以说是厌烦的程度。

体用逻辑的新局面

关于佛教哲学里的体用逻辑之运用，因为对稍微看惯佛教书籍的人来说是众所周知的事实，故现在不涉及。唐以前，儒教关系的文献里，将体·用成对使用而进行议论的文章，虽然不无一二，但这不过是零星发生的。但是，一进入宋代，情况全然一变。为了了解那个事实，只要稍微翻翻作为宋代（以及元代）的哲学史《宋元学案》就足够了。《宋元学案》开卷第一［部分］，就以特书胡瑗高举"明体达用之学"（即明白地把握、认识"体"，畅达地实践、实现"用"）这一标语向士大夫指示大理想的著名事实为开始。然后在邵康节、程明道、张横渠等［卷里］，体用明确地被作为思辨范畴使用，最后在朱子那里，［它们］完全自由自在地被运用，被构造为那个庞大的理论体系。例如朱子的《中庸章句》第一章里云：

大本者，道之体；达道者，道之用。

《朱子语类》卷一的第一条里云：

在阴阳言，则用在阳而体在阴，然"动静无端，阴阳无始"，不可
分先后。

如此等等，不过书中的一例。前面解释了胡瑗即胡安定的"明体达用"
之学，而朱子的《大学章句》里亦有著名的"全体大用"——完全的体、
伟大的用——之说，这意味着哲学的研究和政治的行政的经纶之相即，而
作为在我国之武士道的"文武两道"式的口号，产生过很大的作用。[2]总
之，宋学、朱子学，要是没有体用之理论，就不能期待它的完成，这几乎
是不可置疑的。只是在那个场合、在朱子其人那里，应该注意这一点：与
其说像上述那样容易列举的体用相即方面极缺乏，倒不如说他经常强调要
严格区别体用。朱子学的出现，或者，程伊川—朱子的学说出现，即使单
就这个意义上说，也是划时代的事件。

泛神论的立场

我认为，像这样的体用之逻辑，是泛神论的逻辑，几乎不可置疑。而
且，佛教在某种意义上说就是泛神论，或者说在中国它被泛神论地展开。
这一点，即便只考察大乘佛教的佛性说、佛身说，也应该能领悟。"一切众
生，悉有佛性""山河草木，悉皆成佛"等等命题，明显是典型的泛神论命
题。天台宗的"一念三千"和华严宗的"一即一切，一切即一"等，归根
到底与体用理论具有相表里的关系。宋代的诗人苏东坡（苏轼）则说过：
"溪声便是（佛陀）广长舌，山色岂非（佛陀）清净身。"中国的佛教，唐
代以后，几乎完全限于禅宗和净土教这两者。自立主义的禅宗暂且不论，
从那个净土教中，始终没有产生像我国的净土真宗、即亲鸾的绝对它力信
仰那样的东西，简言之，这恐怕可以考虑为泛神论的精神作用的缘故。

朱子虽然达到了那样高的理论成果，但最终没有摆脱程明道的所谓

"动静无端，阴阳无始"这样的图式，具有局限于一种循环的或持续的逻辑倾向，这（难道）不是那个体用逻辑的当然的归结吗？某个现代的哲学家说："即使不存在永远的东西，持续的东西还是存在的"，"持续是历史的最基本的形式"（柯·莱维托《世界与世界史》）。这一论断，无论如何，对于宋学来说是妥当的吧。

道教的场合

其次看道教或道教的思想，在什么样的方面有助于宋学的勃兴。

道教或道教的思想（若用英语说，则为 Taoism），大体上可以考虑为具有三个内容。第一是由《老子》《庄子》《列子》等书为代表的道家哲学；第二是被称为仙道、丹道等，专门道士之间的极其专门的道教理论、实践；第三是像以前到中国旅行的人们常常见闻的那样，同民众生活最密切的祭祀、咒语、护符等等所谓民众道教。历来说明道教对宋学的影响的学者，经常指出的是上面三方面中的第一方面，如上面举过的太田锦城的《疑问录》，就是这一观点的典型之作。其仔细地指出，"复初""万物一体""无极""虚""静"等等，这些在宋学里不断提到的术语，原来不是儒教的语言，不外乎是在《老子》《庄子》里可以看到的语言。因此，他主张宋学不是纯正的儒学。

我不想对此一概加以否定。这样的语言、概念，追溯系谱的话，大概是源于老庄思想的东西。但是，尽管说从狮子的胃里拣出大量的兔子，可总不该把狮子处理为只不过是兔子的变形。我想问题毋宁在别的方面。

窃造化之秘密

这是讲什么？是想尤其重视上面列举的三个要素之中的第二点，即专

009

门的道士之间的极其密教的道教。[3]被称为"仙道""丹道"者，简言之，是为了成为仙人、真人的肉体术、精神术的理论、实践，或者是关于为了成为仙人而必须服用的丹药的理论、实践，本来是极其特殊、专门的东西。关于这些方面，不想在这里重新说明。总而言之，这些理论的根本，是与宇宙同感，把握宇宙的本质，假如用他们的话讲，无非是把"天地造化之机"抓取、窃取到人的方面。所谓机，是自动装置、发条装置、弹簧装置。把放入构造内部的发动装置、永远地恒常地进行解压的弹簧装置似的东西作为心象，恐怕是可以的。——假如引用时代很晚的南宋人、某道士的话，则云：

> 在天地之间，人只不过是"物"，虽然在比他物灵这一点上，被称为"人"，但绝不是能与天地并立的存在。但是（人）若一旦盗窃天地之机，成功地制造出金液、大丹，就已经成为与天地同等的存在。这就是真人。（俞琰《周易参同契发挥》三）

这是关于丹药的语言，然而药物以外的方法，例如关于静坐、深呼吸这样的修行，也同样可以这么说。静心而整顿呼吸，这样，就能达到"真息"往复于肉体之内外，那么由这呼吸之机而夺得天地造化之秘密，就变成了参与造化阖辟之玄机的仙人。[4]程明道说明自古以来儒家不采用仙道的理由而云："此是天地间一贼，若非窃造化之机，安能延年？"（《近思录》一三）

《周易参同契》这部书，据说是后汉的魏伯阳的著作，是写所谓丹道理论的书。为了以丹砂（硫化水银）为原料炼制不老不死之药的丹的复杂的操作手续，虽根据阴阳之理论来记述，但所依据的不外乎是《周易》即儒教的经典《易经》。譬如"易有太极，太极生两仪，两仪生四象，四象生八卦"这一著名的《易经》系辞传的记述，在《参同契》里，被解释为丹药制造之际的极实际的曲颈瓶的操作指示。后面理应说明的周濂溪的《太极图》，据说原来也是道家的那样的炼金术的原理、程序之图解，由周濂溪完全变动为抽象的、形而上的解释。

大宇宙—小宇宙的感情

在这里，我们看到的，总之与其说是泛神论的理论，不如说是泛神论的感情，即朱子所谓"天地便是大底万物，万物便是小底天地""人便是一个小天地"（《朱子语类》卷六八、九五）这样的"大宇宙—小宇宙"的感情。就是说，我想指出的是，作为道教或道教的思想给予宋学的影响，更重要的与其说是一个个概念的起源、继承问题，倒不如说是对宇宙性的东西的感情、内心深处向统辖天地和世界的那个东西的冲动。我认为，想与宇宙的原理产生共鸣的感情，在道士与隐士们之间，大概作为传统的东西被最强烈地继承，它现在则被士大夫阶层继承下来。

贯通中国的思想史，特别是贯通宋学和阳明学的极显著的一个特征，即所谓"乐道"。这样的意识，虽然毋庸说是将古代颜渊的"安贫乐道"作为先驱形态，但它由于通过这样的道家意识［的促进］，越发成为特征的［意识］。如基督教的"苦恼的赞美"这样的说法，在儒教里不存在。我认为，在这个事实的背景里，应该存在着与佛教式的理论性的泛神论不同色彩的泛神论、道家式的泛神论，造化的泛神论，而这同儒教的"生生"之说相关联。

二、得势的士大夫阶级和宋学的理想

士大夫的时代

以上叙述了影响到宋学之创立的佛教和道教的影响。但是，所谓影响，简言之，与其说是给予影响一边的问题，莫如说是接受影响一边的问题。影响这种现象的主体，与其说在给予这方面，不如说在接受这方面。"心不在焉，视而不见"，《大学》的这句话，指点了这个道理。

那么，宋学的主体是谁呢？它无非是"士大夫"。所谓宋学，是士大夫之学，是士大夫的思想。所谓士大夫是什么呢？它是在唐代伴随科举制度的确立而产生，至宋代成为确乎不动之势力的独特的统治阶级。在经济方面，他们通常是地主，但这未必是必须的条件。士大夫的特征，首先要在他们是知识分子这一点上，换言之，[他们]是儒教经典之教养的保持者这一点上、即"读书人"这一点上寻求。现在若稍稍周密地说，[他们]则是那样的人们——由于那儒教之教养（这同时也意味着道德能力）的缘故，做出那十全十美的应有状态，期待通过科举而可成为当政者（官僚）——的阶级。

汉代的社会，屡屡被称为豪族的社会。但是，那豪族，未必是知识阶级。并且，汉代代表性的知识人，是所谓博士弟子员，即太学的学生，或者是其毕业生。但是，大政治家不一定经过博士弟子员。随后的六朝时代，称为贵族的时代。但六朝的贵族，未必把学问的教养作为第一，出身、门第才是那个条件。并且，在六朝，学问的承担者是所谓的"经生"；达到这个经生［地步］，大体上应该说是经学的匠人，但还不是那样的阶级，就像设想的那样，由于经生［资格］的通过而适合作为担当天下国家政治的人物。试图与他们相比较的场合，士大夫的特征最鲜明。士大夫不是把出身作为原理的封闭的身份，而是把能力作为原理的开放的阶级。其所谓的能力，就是儒教经典之教养的能力，在这个限度内，其知识的关心，是非常广泛的。而且，教养与能力同政治直接结合这样的辉煌的展望，与货币经济所产生出的社会生气相因果，给这个阶级带来了独特的朝气和理想主义。

对我的这一看法，不用说会有反对［意见］：即所谓士大夫始终是指身份，科举的考试，假如形式地看，似乎只根据知识能力，无论谁都能考，但实际上能进行为了考试的准备，仅局限于一部分阶层，对于财产不足的所谓一般庶民来说，机会等于零。对这样的反对论，虽然我不认为全无理由，但从许多小说和传记的说明处，可以得知这个科举的平等主义，是达到了相当程度的事实上的平等主义，就是说，相当的下层社会由于科举进入士大夫阶层这一点绝不是稀奇的现象。清朝末年，所谓的改革运动、革命运动变得激烈起来的时候，孙文、章炳麟、康有为、梁启超，这些所谓志士们之间的共通的认识是主张在中国"秦汉以后，无阶级（根据出生的身份）"，此说也许被现在的历史学家简单地处理为是把秦汉以前即周代所谓的"封建"同欧洲的封建制度做简单比附而导致的谬论，但我认为也不能把当时志士们共通的这样的认识视为违背他们自身实感的完全错误的认识。士大夫这样的人群，一是知识的独占，他们自己更把这解释为道德能力的独占；二是其阶级的内容经常可能流动。我相信，起码这二点是应该承认的。[5]

但是，在唐代，作为士大夫之对抗者的旧贵族，仍然顽强，然而他们在唐末、五代的混乱时期内，完全没落。新建立的宋朝明确地宣明了尊重学术的政策，科举在全国规模里恢复；木板印刷术的发达，书籍以飞跃的局势被普及，对于士大夫来说，蔷薇色的时代的确开始了。这一高昂的意气所向，正统和异端的辨别被强调了。对佛教、道教的对抗意识，并反过来吸取之的事开始出现。儒学在其天人一贯的规模之雄大方面、在其不回避现实政治的踏实性方面，怕是远远凌驾于佛教、道教之上吧！所谓的宋学，无非是如此高昂的士大夫的意识和教养之理论化、组织化者。不同于佛教的"出家"、道教的"入山"（这不一定抛弃家室），士大夫的生活方式，是所谓的"名教"。即把自己的生活方式作为名教体系而打算自觉实行它的士大夫，其无非是受佛教、道教影响的主体。

阐明士大夫之理想主义的 《原道》

作为最精彩地显示新兴的士大夫阶层的这一理想主义的［文章］，试举韩愈（韩退之，768—824）的著名散文《原道》（所谓"道"是什么东西的意思）。在唐代的后期，就是说比狭义的宋学始祖周濂溪早两百年前写的这篇文章，其实应该说是宋学的最初的源流，它也是儒教史上意义最深远的宣言书之一。这不用再说了。以下，想稍微详细地解说这篇文章。

《原道》首先从仁、义、道、德这四字的解说开始。所谓仁，就是博爱；所谓义，就是行为适当；所谓道，就是由之而行；所谓德，就是不借助外而自己充足。老子说"大道废，有仁义"，诽谤仁义，主张道德，这是"私"的立场。合仁与义而言之的儒教的道德立场，才是"公"的立场、普遍妥当的立场。

但是，孔子死后，秦的时代蒙受焚书坑儒的暴政，汉的时代被所谓的"黄老之学"所压倒，魏、晋、宋、齐、梁、陈，简言之六朝的时代，被佛学所压倒，其所谓的仁义道德，若不归于老则归于佛，就是说由于道家、道教的思想，或者佛教的思想影响而完全变质。道家之徒说，孔子不过是我们的祖师老子的弟子；佛教之徒说，孔子不过是我们的祖师释尊的弟子。

不但如此，连治孔子之学问的（儒家之徒）自身，也曾说过我师孔子是他们的弟子，甚至把此事写在书上而不怪。根据这种情况，究竟从谁那里能够听到真正的仁义道德之说呢？古代，人分为四个阶层（士农工商），现在阶层变成了六个（士农工商道佛）；古代之教，只是一，今日之教，为三（道儒佛）。生产粮食的农民为一，而消费粮食的阶级却是六；相对生产器具的工匠的一个阶层，而使用器具的阶层为六；相对流通物资的商人一个阶层，享用物资的阶层则有六，到这种地步，人民还能不穷乏而逃身于盗贼吗？韩愈首先进行这样的历史概观，接着是关于圣人的解说。

圣人的两个典型

太古，人被许多的障碍包围，圣人出现于那里，教人们"相生相养之道"。为他们作君作师，驱逐猛兽毒蛇，使之定居中国。对于寒而定衣服之制，对于饥而定饭食之制。另外，制定住居之制；立工业者而使之作器具，立商业者而使之通有无；设立医药之制，葬祭之制，制定礼乐刑政；对于欺诈，备有印章和度量衡；对于掠夺，备有武器、城郭……对于一切灾害，圣人都给予防备。但是，老庄之徒说，圣人不死，大盗不止；不打碎斗、不折断衡，则民之争不停（《庄子》胠箧篇），必须说这不思考亦太甚。"如古之无圣人，人之类灭久矣"，人类一定很早以前就灭绝了。为什么？因为人没有必须防寒暑的羽毛鳞角，没有为争食物所需的爪牙。（《原道》）

我们在这里看出极其特征的儒教的立场。这可以说是文明主义的立场，并且是文化主义的立场，而把这样的文明赠予人类的人被视为"圣人"。即儒教所说的圣人的两个观点之内，现在所说的圣人无非是所谓的"作者之谓圣"（《礼记》）的圣人。所谓作者之作，就是"制作"，即礼乐、制度的

015

创始。在宋学以前，对圣人的见解，大体上是作为"作者"的圣人。作为"作者"之代表的周公，本来比孔子居于上位。这样的圣人概念，不久在宋学里，被内面化，变为当作仁义道德的完全体现者的圣人。就儒教而言的话，则是从把周公作为典型的"先王之道""礼乐之道"移为孔子所教诲的仁义道德之道、圣人之道。这篇韩愈的文章，的确显示了这一过渡时期的情况。

君、臣、民

首先针对道家，保卫了文明主义的韩愈，其次针对佛教，要保卫政治主义或人伦主义。

在人类社会里，如上所述，"君"这样的统治者是必需的，但其任务如何？

> 是故君者，出（命）令者也；臣者，行君之命而致之民者也；民者，出粟米麻丝、作器皿、通财货，以事其上者也。（《原道》）

君若不出政令，则不能说为君；臣若不把君的政令对人民执行，则不能说为臣；民若不出粟米麻丝事上则诛。可是，佛教者说："必弃汝之君臣，去汝之父子……"，就是说逃避政治和家庭生活，禁止"相生相养之道"，如此追求其所谓清净寂灭。持如此主张的异端者，由于出现于夏殷周三代以后的那个社会里，故免于被殷的汤王、周的文王武王、周公及孔子放逐，这可以说是他们的幸运；但丢失了生在三代之时代而被这些圣人天子之纠正的机会，这也许可以说是他们的不幸。

我们在这里看出极其特征的儒教的社会观。社会是由君、臣、民三者所构成的东西，当然是政治性的组织。企图逃避社会，这与企图逃避家庭一样，无非是企图逃避作为人。

老庄、道教之批判

称帝也好，称王也罢，其称号尽管不同，但在是圣人这点上是相同的，这恰似夏穿单衣、冬穿毛衣，渴而饮、饥而食，其在智这点上是相同的一样。可是，［老庄］主张"何不为太古之无事"，这与冬天向穿皮毛的人斥责道为何不穿简便的单衣、向饥而食的人斥责道为何不做饮这样的简便之事不是相同吗？——总而言之，这是对老庄、道教的原始主义、反文明主义的攻击。中国的古代，被划分为皇、帝、王、霸，即三皇—五帝—三王—五霸这样的时代。其中三皇的时代全然是太古无事的时代，从五帝三王的时代开始出现作为的文明，这好像是当时的常识。在这里，虽然未必否定太古的无事，但是把勉强地要返回太古的态度作为反"智"的态度加以排斥。

佛教之批判

韩愈进而引用了《大学》的著名的一段，以强调儒家的根本精神。

> 古之欲明明德于天下者，先治其国；欲治其国者，先齐其家；欲齐其家者，先修其身；欲修其身者，先正其心；欲正其心者，先诚其意。

就是说，所谓古之正心诚意，除了有其自身的目的之外，尚有那个目的以上的目的。但是，现在作为夷狄之教的佛教，欲治心而以天下国家为外，灭绝自然而然的人性，以至于虽是子而不父其父，虽是臣而不君其君，虽是民而不事其事（说出家主义）。孔子在《春秋》里说，即便是中国的诸侯，假如用夷狄之礼，就把他当作夷狄来处理。《论语》中有云"夷狄之有君，不若诸夏之亡也"。《诗经》里云"戎狄是膺，荆舒是惩"。自古以来，对于夷狄的界限，确实看得很清楚，但现在已经把夷狄之法置于先王之教上，中国因此若不沦为夷狄，则只有说不可思议。

早在唐代，就表彰《大学》尤其《大学》的这一章，这可视为韩愈的不朽的功绩。但是，即便在《原道》里，虽然好不容易提到了平天下（明明德于天下）、治国、齐家、修身、正心、诚意，但未涉及最关键的"致知、格物"，这可以看出"宋学"以前的性质。

先王之道

于是韩愈解释叫作"先王之道"的东西。

"所谓先王之教者是什么？"它无非是仁义道德之谓。其文是所谓的《五经》或者《六经》，其法是礼乐刑政，其民是士农工商，其身份是君臣、父子、师友、宾主、兄弟、夫妇，其服是麻丝，其居是宫室，其食是粟米、蔬菜、鱼肉，乃极容易明白之道、极容易实行之教。所以，为了自己自身用之，万事顺利进行；为了别人用之，则爱与公实现。以之藏于自己内心，则和而平；以之藏于天下国家，任何场合都不缺妥当。活着时，死亡时，郊之祭、庙之祭，全由此道而周备。所谓先王之道就是这样的东西。（《原道》）

的确是荻生徂徕所谓的"先王之道就是安天下之道"。韩愈如此叙述了宏大的先王之道的效用之后，接着解释著名的"道统"之说。

道统之说

这个先王之道，才是与老庄和佛教所说的道不同的真正的道。这个道，尧传给舜、舜传给禹、禹传给汤，由汤传给文王、武王、周公，由文王、武王、周公传给孔子，由孔子传给孟轲即孟子，"轲之死，不得其传焉"。

这数十字，即便在《原道》中，也是特别重要的地方，说明了所谓先王之道——若用宋学式的说法就叫作圣人之道——的传统和它的断绝。把孟子以后直至宋代的周濂溪一千数百年间视为真道失传的黑暗时代这一朱子的看法，的确基于这个道统之说。毋庸说孟子以后也不是没出现如荀子似的大儒，如诸葛孔明似的大政治家，但被道统断绝这样的时代性所制约，[他们]哪一个都离完善性还很远。

圣人这个词，有广狭各种用法，既有包含伏羲、神农、黄帝等在内的情况，亦有作为修辞学[用以]指现实的天子的情况。但是作为最有代表性的、可以说是当作范畴[用]的圣人，惯例是列举尧、舜、禹、汤、文、武、周公、孔子这八个人（孟子通常不列）。

应该做什么呢

"然则如之何而可也？"（文章）这样设问而下最后的结论，曰：假如不堵塞佛老之道，则吾圣人之道不能普及；假如不制止佛老之道，则吾圣人之道不能实现。把出家或入山即逃避人伦的人们再作为（普通）人；烧其书，将其寺院和道观作为人民的住所，阐明先王之道而教导他们，若这样办，那《礼记》之《礼运》篇所说的真正的天下太平——鳏即老而无妻者、寡即老而无夫者、孤即幼而无父母者、独即老而无子者，另外，残废疾病者，都不会生活贫穷——就实现了吧。其实现之时才能说足够的成果还算过得去吧。

以上是韩愈的《原道》的概要。韩愈的这篇《原道》，是宋学的先驱，这是朱子以来的定论。我想指出的是，《原道》里已经看出后来成为宋学的核心内容的东西，诸如道统之说、对佛教与道教的激烈对抗、抨击的意识等；同时，它将道的概念和圣人的概念，以可谓过渡性的形态提了出来，即圣人是所谓"作者之圣"这样的意思被强调的同时，也表现了被定义为内面性的仁义道德的体现者、完美的人格（宛如以后在宋学里被定义为"纯乎天理而无人欲之杂"似的人）的一面。这与将"道"作为先王之道而意味着既是指礼乐刑政同时又是指仁义道德，恰好相对应。在这个意思上，《原道》的确应该说是有兴味的文献。

宋学的第一个特征　正统主义

对《原道》就解释到这个程度。现在谈宋学是把什么作为目标的呢？第一，首先必须举正统主义的确立这一点。六朝时代的精神生活的一个特征，据说是价值之混乱或者叫作并存[6]，即儒教的价值，未必就是唯一的价值。这个时代最流行的古典是《易经》《老子》《庄子》这三部书，称之为"三玄"。《易经》确实是儒家的经典，但把它当作与道家的即从儒家看是异端的《老子》和《庄子》性质相同的哲学古典而相提并论。此外，当时分类学问而称为"文、史、玄、儒"，儒与玄——即主要为老庄似的形而上学、文学、史学对比，只不过并肩[地位]。而且，皇侃的《论语义疏》之中，把儒教的圣人称为"方内圣人"，将老庄、道家似的圣人称为"方外圣人"，[两者被]平等地放在对称的位置上。而把佛典叫作"内典"，把儒教之书叫作"外典"的说法，也流行于一般的士大夫之间。那时，内典这方面似乎被认为在价值上稍高。在六朝社会，儒教的权威，经常不是作为唯一最高的权威被承认，而且此事也伴随着儒教内部的混乱。

当时的儒学，是极专门的、所谓的经生之儒学，这如已述。在那些经生之间，据说流传着"宁可道孔圣之误，而顾忌言郑服之非"这样的谚语。提起孔子，对儒教来说，是最高的人格。而郑玄、服虔，虽可以说是汉代的大学者，然只不过是有关孔子遗留下来的经典的注释家，对儒学来说，孔子同郑玄、服虔的轻重之差别，自然必须分明。但是，在忘却全体的根本精神，而只拘泥于细节的专门主义者之间，往往会发生本末颠倒（理想之混乱）吧！强烈地反抗这样的价值混乱状态，强调作为中国学的儒教之正统性者是韩愈，这如同已见。而且，儒教主张自己正统性、优越性的根据，不用说在于：相对于道、佛的一面性（仅是内面主义），儒教是把内、外合并在一起把握，若用后来张横渠的话讲，则在于"合内外，平物我"（《近思录》二）这方面。

第二个特征　修身、齐家、治国、平天下

第二，必须举修身、齐家、治国、平天下的理想，就是说道德和政治的一致，或者哲学同政治的一致。我想，因为已经详细地讲述了《原道》的内容，关于这一点无重新论说之必要。但［要说］：不久，进入宋代，《礼记》的大学篇特别地被抽出，变成了所谓"四书"之一而受重视，总而言之，无非是这一新理想主义的归结。佛教"出家"主义的反人伦主义，道家"无为自然"的反文明主义，一起在这里被克服。这一场合，应该注意的是：假如把治国平天下全然当作纯粹的道德性的事情，即一个个士大夫成为有德行的君子，那个事（"君子笃恭而天下平"，见《中庸》），当然不会出问题。但是，若认为包含着士大夫实际上担当天下国家的政务之意，那时，它就成为士大夫基于某二重原理而行动。孟子的语言里有"达则兼

济天下，穷则独善其身"这样的说法，就是这个意思。此外，"若天下有道……若天下无道……"这样的表达，在儒教的古典里，不断出现，譬如"天下有道则见，天下无道则隐"（《论语·泰伯》）。它的反面恐怕是伊尹的"治亦进，乱亦进"（《孟子公·孙丑上》）吧。

儒教自古就有与"父子天合"对比的"君臣义合"这样的主题。《礼记》曲礼篇里有如下记载：若父亲行为有错误的场合，作为子者，"三谏而不听，则号泣而随之"；但是，对于君，"（若）三谏而不听，则逃之"。儒教的世界（天下），可以说是具有国家和家族（个人）二个中心的椭圆。所谓的修身、齐家、治国、平天下的理想，总而言之，是企图使这个椭圆维持自己椭圆到底的理想主义，而不是把它向哪一方之中心收敛而成圆。应该了解，这一点，有从过去日本的"忠孝一致"的原理不可能轻易类推之处。

宋学的"修身、齐家、治国、平天下"，明显地把道德主义的、连续性的东西作为自己的本质，而且它结晶成为应称为旧儒教"礼"之意识的新版的"名教"概念。宋以后，道学官僚的上奏文，往往讲由于天子端正自身的心性、激励名节，天下的难事就没有不可解决之类的话。出现如此被人们笑谈的事，就根源于此。

第三个特征　思辨主义

作为宋学的第三个特征，想指出思辨主义这一点。即与其广泛地追求知识，倒不如去深刻地思索（实践）的态度。毋庸说，这样的倾向，并不是否定"君子多识前言往行，以畜其德"（《易经·大畜》）这一作为儒教根本性质的文化主义、读书主义。这是事实。但是，与经生的、枝节的知识，或者仅仅是博识对比，它毋宁是把组织的、思辨的探究作为其特征。程明道把只暗记和博识作为"玩物丧志"（摆弄物品而丧失志气）的事情而排斥

（《近思录》二）。他对记录圣人的书籍《五经》尚且这样说，［何况它书］。上面所说，的确属实。

这是否为所谓的佛教、道教的影响呢？我想莫如视为新兴的士大夫的高昂的精神必然地伴随着的向往思辨的欲求与自信，但暂不断言。关于这一点，韩愈一派亦是先驱，韩愈的弟子李翱的《复性书》，根据《易经》《中庸》，作为宋学风格的思辨哲学的先驱而被知。

三、宋学的形成

周濂溪的出现

宋学最初的大师，是周濂溪（1017—1073）。名敦颐，号濂溪，湖南省人，后定居于庐山的山麓。他就经历而论，是没有任过什么引人注目的官职，只辗转任各处的下级官吏，充其量不过是地方的科级。而且，即便在作为学者、思想家的名声这方面，虽然从其门下出过著名的程明道、程伊川二兄弟，但当时好像是几乎不被知晓的人物。他被思想界所重视，作为宋学的创始者被尊崇，无论怎样讲，也是在他死后很久，是因为朱子的表彰。若根据朱子所说，则以为再次继续孟子以后一千四百年间被埋没的道统，再次阐明圣人之学者，是周濂溪。就是说宣告一千四百年之黑暗时代的结束，再次苏醒光明的世界之人，就是这个周濂溪。

太极图　太极图说

就周濂溪在思想史上的意义而论，能够列举四点。第一是《太极图》及《太极图说》。所谓"太极图"，是根据"易有太极，是生两仪"这一《易经》（参照一〇页）语言的如下图形，被视为周濂溪独创的东西，但事实是它不外乎多多少少修正流传于道家，尤其专门道士之间的图形的东西，这现在大体上被承认。例如，在本来的道家的图里，最下的圆圈，是说所谓的"玄牝之门"（《老子》内的语言），万物之产生出来的根本；其上的圆圈，是表现"炼精化气，炼气化神"阶段；进而，其上的表现木、火、土、金、水五行的图，是表现所谓"五气朝元"，即作为一切存在的根本原素的五气（五行）归结于作为气之穷极状态的"元"；进一步，其上的黑与白混淆而表现阴阳二气的图，是表"取坎填离"（坎、离是易之卦名）这一阶段，以道教的术语讲是完成所谓"圣胎"的阶段。而且，最上的圆圈是表现"炼神还虚，复归无极"这样的究极阶段。这一方面恐怕是象征性地图示"外丹"即事实上的丹药精炼程序，同时恐怕还是指示为了通过精神的、身体的修养（把此称为内丹）而成为仙人的过程。这据说就是流传于道士之间的［太极］图，但周濂溪从儒教的立场重新解释它，即根据《易》的理论使它具有理论性，并且写出了它的解说，即《太极图说》。

周濂溪的场合，这个《太极图》倒过来从上［往下］读。根据《太极图说》，则最上的圆圈是表示"无极而太极"这样的意思。这一"无极而太极"五个字，引起后来的朱子、陆象山的激烈争论，成为朱子的"理"的理论形成的决定性的要素（参照八四页以下）。周濂溪本来的意图，我想它大概意味着从无极产生太极的状态。当时的人的著述里引用这一段，它作"自无极而为太极"（从无极而成为太极）出现。后来朱子激烈地攻击说，那样的［表达］，无非"从无生有"这样的佛教和道家之说，对作为圣学复兴者的周子［来说］，就成了不应该有的事，但事实也许宁可那边是《太极图说》的本来的形态。太极进而分为阴和阳二气，从阴阳二气进而产生水、火、木、金、土之五行，接着它们各种各样地组合，而"乾道成男、坤道成女"，雄性的物和雌性的物创立。由于雄性的物和雌性的物相交感，所以万物产生。五行还原于阴阳，阴阳还原于太极，太极还原于无极。

但是，在万物之中，最杰出而最灵的物是人，人具有认识能力，具备道德性。圣人制定中正仁义之道，尤其将"静"作为中心而建立规范。圣人其德等同于天地，其明等同于日月，其秩序等同于四季之循环，其吉凶等同于鬼神……

圣人可学而至

作为周濂溪在思想史上的功绩，首先举出"无极、太极"的宇宙观，这是遵从中国哲学史的常识。接着作为其第二个功绩，想举出人由于学而能成为圣人这样的主张。周濂溪除了上面的《太极图》以及作为其说明的仅二百五十字的《太极图说》之外，只有《通书》这一小书和杂文数篇，那个《通书》之中，有如下一节：

> "圣可学乎"？曰："可。"曰："有要乎?"曰："有。"请问焉，曰："一为要。一者，无欲也。"（《通书》圣学第二十）

就是说，由于学习能够成为圣人。那个场合，必须的条件，据说是"无欲"。我认为，周濂溪的这一主张，具有不次于那个《太极图说》的重要的意义。就某种意义上讲，它具有比《太极图说》更重要的意义。为什么呢？因为"圣人可学而至"这样的主张，是宋学的整体的根本性的动机、大前提；进一步还因为"无欲"即欲望之否定这一主张，成为以后的思想史围绕它而展开下去的基础。如上所述，在韩愈的《原道》里，圣人虽然已经表现为作为仁义道德的完美的体现者，即用孟子的话讲，叫作"人伦之至"（完全的人格），但作为"作者之圣"即为人类创建文明和制度的圣天子的色彩仍然强。假如是天子，毋庸说不是可学而至的。但是，现在已经主张圣人是能够学的，若借用濂溪弟子程伊川的话（《近思录》二），则云：

所谓学问，就是"以至圣人之道""圣人可学而至"。后世之人误认为圣人本来生知的，非学可至，所以学问的堕落就开始了。

程伊川还说：

阿！人以己为小者，亦可悲也。其人之性一也，然世人皆说吾岂能为圣人，此乃不信自己也。（《遗书》卷二十五）

即圣人学而可至这样的口号之内心深处，现在已经有了作为时代之担当者的士大夫的"自信"。伊川之兄，［与他］一样就学于濂溪的程明道说："宁学圣人而未至，不欲以一善成名"（《近思录》十四），成为圣人的事业是不干则已干就干彻底的课题，不是由于一善即局部的、第二位的、小小的善行就可满足的事情。心服二程的张横渠更说"知人不知天，求为贤人而不求为圣人，此秦、汉以来学者之大蔽也"（《宋元学案》一七）。假如根据古代圣人的概念，对人来说，应该作为目标的理想，即便是"君子""贤人"，也不能是"圣人"。但是，现在已经强调"圣人"就是人的理想，并宣言由于欲望否定之道德学这样的学问可以到达［圣人］。

欲望否定

在濂溪那里，只是"无欲"被解释，不久作为宋学的中心概念而与"无欲"成对句的"天理"之说尚未出现，即所谓圣人是"纯乎天理而无人欲之杂"这样的规定，尚未全面地表现。但是，他在别的文章里批评孟子的"养心莫善于寡欲"（《孟子·尽心下》）这一论点，主张不应只是寡，必须"寡之以至于无"，这一点应该始终注意。原来，儒教的欲望论本来的学说是欲望肯定基础之上的"寡欲"或者"节欲"。但现在已经常说欲望之否定。其说如何彻底［落实］下去呢？而且，作为其结果怎样产生出道学先生的无视人情，有时几乎无视人性的严肃主义呢？这一点不久后说明吧。

　　不久，一到明代，作为像这样的道学的天理人欲论的彻底的结果，就达到了欲望始终也不能否定、欲望的存在是"人之自然"这一认识，而道学者的伪善就为依据这一认识的一群思想家所激烈地攻击。

"静"的强调

　　周濂溪在中国思想史上的功绩的第三点是强调"静"。本来，所谓"动·静"，与"本·末""内·外"一样，是中国哲学里独特的范畴。作为其原型而应该注意的是《礼记·乐记篇》的下面的文章：

　　　　人生而静，天之性也；感于物而动，性之欲也。物至知知，然后好恶形焉。好恶无节于内，知诱于外，不能反躬，天理灭矣。夫物之感人无穷，而人之好恶无节，则是物至而人化于物。人化物也者，灭天理而穷人欲者也。

总之，若扼要地表达《乐记》之说，就成为：

　　　　内·静·性·知·天理
　　　　外·动·欲·物·人欲

有个说法以为《乐记》这一思想本来不是儒家的思想，无非道家的思想的混入，这姑且作为别的问题。不管怎样，儒家经典《礼记》所说的人是把"静"作为本来状态的存在，感于物，就是说被外来的物作用之后才有"动"的这一说法，已经是可谓宋学先驱之唐代李翱的《复性书》的中心主题，现在于周濂溪那里它以"无欲故静"（对《太极图说》的周濂溪的自

注）这样的决定性的表达表现了出来。以后，宋学的主流是"静"，从其衍变之中，产生出"敬"，产生出"未发之中"。而且，此"静"绝不是排除"动"的"静"，而是作为最大限度地把"动"包含于内的"静"（所谓"至静"），不久，如在朱子那里所能看到的那样，[它]就被组织成优美的理论之花样。那些方面，因为众所周知，故这里用不着再解说了吧。

士大夫之典型的提起

作为周濂溪之意义的第四点，想举他提出"志伊尹之所志，学颜子之所学"这一可以说理想的士大夫形象。伊尹是扶助殷汤王的著名宰相，"耻其君不为尧舜，一夫不得其所，若挞于市"（《通书》志学第十）。颜子即颜渊，像谁都知道的那样，是孔子的最大的弟子，"好学，不迁怒，不贰过"，"三月不违仁"，即精神上的、道德上的完美的，否，几乎接近完美的人格。就是说，把圣人作为目标而做学问的士大夫的具体形象，是那样的人格，即作为当政者的上使天子作为如尧舜似的圣天子、下使任何一个庶民都得其所这样的大责任与精神性的、思索性的人格浑然融合的人格。所谓"明体达用"，"全体大用"的人，就是那样（参照七页）。如此说来，伊尹与颜子结合式的士大夫形象，在回顾宋学至明学的历史时，同样必须注意。

本来，士大夫者，在某种意义上讲，虽然同庶民相异，但另一方面可以说具有作为庶民之代表的意思。即士大夫之所以为士大夫，虽在于他们是所谓的"读书人"，但人能平等地读经书而把握道，立志做圣人。不久，儒教使其教义变为极度与集约性质的东西，这就是说与其读书，倒不如愈发集中关心道之认识和实践这一方面；也就是说，儒教被极广泛的阶级、照字面即庶民所接受的场合，志伊尹之志这样的纲领，不是营造了什么"下克上"性质的作用吗？——不久，朱子如下似的设问，又如下似的回答：

治国平天下，是天子诸侯之事。卿大夫以下，没有关系。但《大学》讲"明明德于天下"（平天下），这是"思出其位"（《论语·宪问》）系统的观点。这岂不是犯越分这样的过错吗？把它作为真学，怎样地做到呢？

答曰：君子之心，豁然大公，其视天下，无一物而非吾心之所当忧，无一事而非吾职之所当为，虽或势在匹夫之贱，而所以尧、舜其君，尧、舜其民者，亦未尝不在其分内也。（《大学或问》）

程明道

宋学的始祖应该说就是周濂溪，这是一致承认的，但在接着周濂溪该列举谁这一点上，未必有定论。既有列举程明道、程伊川的，亦有列举张横渠，其下续接明道、伊川的情形。现在，我想首先从程明道开始讲解。

程明道（1032—1085）名颢，一般称为明道先生，与小一岁的弟弟伊川，合称"二程子"。原籍是今河南省的洛阳。二十六岁科举考试及格，成为进士，在陕西、江苏、河北、河南等地任地方的下级官吏和县知事（县宛如日本的郡），而且有一个时期进入中央政府，被任为御史。据说他常常把"视民如伤"这样的文字贴在座右，以为反省。在中央政府，得作为革新的天子而著名的神宗皇帝的知遇，而且最初赞成王安石的新法（革新政治），后来变成了旧法党，即属于反对派。曾在神宗面前讨论政治大道时，针对神宗的"这是尧舜之事，朕等怎么也达不到"这样的谦逊的说法，明道皱着眉说："陛下此言，非天下之福。"据说他的性格温润如玉，三十年间看不到其怒容。

他与弟弟伊川在十五六岁的时候，依照父亲的方针就学于周濂溪。据说周濂溪经常让他们追究孔子、颜渊之"乐"（参照《论语》）是乐什么呢？不过，关于明道、伊川兄弟从濂溪受到了多少影响，有各种各样的说法，亦有人说没受到什么本质的影响。

生生

《易经》里有"天地之大德曰生""生生之谓易"（系辞传）等语言，此"生""生生"这样的语言，才能最好地表现程明道的思想之基础。所谓"生生"的"生"，统一地包含着"活"即生命与"产"即生产这样的两个意思。所谓"生生"概念，未必是明道独创的概念，大概凡儒教之徒，自古以来，几乎无例外地把它作为[思想]前提。因为道家、道教的立场也被认为大概不是这以外的思想，故归根到底，可以说是中国的思想或者世界观的固有的共通的前提吧。但是，在明道那里，这种思想尤其显著，这是广泛承认的事实。明道书斋的庭院里，杂草茂盛，掩盖台阶，有人劝他铲除，明道不从，回答说："不可，欲常见造物之生意。"另外，"万物皆有春意""万物之生意最可观""观天地之生物（产生物，使活着）的气象"（《近思录》一）等这样的说法，同样不失为明道的特征性的说法。

生　性　性善

天地之德是生、生生，这就是"道"。照《易经》系辞传里所说"天地絪缊、万物化醇"，天地阴阳之气，无一瞬之断绝，絪缊地集散，万物化醇、即生生不止。所谓"造化""造物""天地之仁"等，就是指这样的事实。"道"这一概念实质上无非命名那个絪缊——生生。但凡由天地产生的东西，全承受天地生生之本质而产生，意味着与万物相区别的人，在这一点上也无什么区别。"性善"这个术语，首先必须作为如此范围的东西来理解。明道说："天地生物，各无不足之理"（《近思录》一），"生则一时生，皆完此理"，大概就是这个意思。所谓"性"，不外乎是生之谓，因此才是善的。"生之谓性"这一告子的主张，虽然早被孟子当作异端邪说加以排斥，而且不久被朱子激烈地批判为：生是形而下的气，性是形而上的理，告子全然混同了这两方面；此说只注意人与动物共通的知觉、运动这样低级的特征，忽略人固有的仁义礼智这样高级的特征（《孟子集注》告子上），但实际上必须说非常有道理。毋庸说，绝不能不当地扩张这个命题，把人之性、牛之性、马之性，无差别地视为同样的；而且承认这个命题，绝不是否定在宇宙里的人之独特的地位。

人的地位

本来，所谓人与物同由天地产生出来，是说两者全都从天地之纲缊，即从"气"的自己运动过程产生，人与物，不外乎各自程度的气的凝集、结合的状态。气是空气状瓦斯状的，毋庸说是物质。只是我们根据物质这个词，不知怎么的总容易持有陈腐的、无所谓的东西这样的印象。但气或者气的某种的凝聚体，本来是"灵"性的东西，就是说，具有依据悟性不能预测的精妙自在的作用或性能（特谓之"神"）。所谓人的"心"和"鬼神"，可以说就是"气"的这样的灵的性质的二个极致吧！（心是物质性的东西，不是与物质相对立的精神这样的东西）。就是说，作为气之凝聚的万物，在这个意思上，到底还是灵性的东西，也许如很容易就能想到似的，不仅仅唯独人是灵性的。只是因为人作为特别优良的气（勉强具体地讲的话，是说既非过度的浓厚，亦非过度的稀薄这样的气吧）的凝聚而出现，所以是在其他灵性的万物之上的灵性之物。《书经》里规定"惟人，万物之灵"，不外乎那个意思。

人有优于万物的独特能力，具有"良知良能"（《孟子》），人受天地之中而生，能与作为上的天、作为下的地相并列，就是说能够"参天地"

（《中庸》）以为"中"而存立者，唯有人。假如人不存在，则观察天地之法则者就没有了吧。（《程氏遗书》一）"故人者，天地之心也"（《礼记·礼运》），人可以说就是天地的自觉点。古人也说过："人非天地，无以为生；天地非人、无以为灵"（《后汉书·刘陶传》），使"天地位""万物育"，赞助天地之育化，这唯有人。人的这一优越的地位，应该始终承认。

万物一体之仁　其一

但是，这样的优越地位也不妨碍人与万物同根源、与万物一样以生作为性；不能忽略"天地之生意"同样贯穿人与物这样的事实。明道解释"仁"，解为"万物一体"这样的意思，的确是立足于这两方面的事实。作为孔子之教的儒教的中心概念是仁，这无论谁都了解。但是，一旦变成所谓仁是什么呢这样的观点，如后面所叙述的那样，确实有各种各样的定义，尤其明道的这一"万物一体之仁"，是在仁的所有定义中最有特征性的定义，在思想史上，起到了最大的作用。

明道经常强调所谓仁就是天地万物一体。毋庸说，但凡以生意作为根据而讲万物一体，其所谓的万物，就是说生物，主要为草木鸟兽，就作为中心方面被意识，而且其与仁固定联结的时候，作为那个中心的局面，所谓万物，大概意味着万民吧。只是在这个场合，必须注意"万物一体"或者"万物一体之仁"本来含蓄如上述那样的宇宙的、哲学的意思。语录里能看到在"观鸡雏"这三个字的一条里注释有"应观此仁"四字；而且，有"试按脉搏时，仁是什么最易知"这样的说法，全都不外乎表现这种含蓄的说法。所谓仁，就是天地生生之德；一样的天地之生意贯通自己和万物的事情，即万物一体之谓。

为了更明确地理解程明道的"万物一体"说，现在想介绍另一个"万物一体"说，并加以对照。

033

另一个万物一体

"万物一体"这种说法本身，绝不是由程明道才开始提倡的，早在六朝时代，那个鸠摩罗什的高足，当时被称为佛教哲学界的第一人的僧肇法师（约374—414），就说过"天地与我同根，万物与我一体"（《涅槃无名论》）。进一步追溯，那个庄子在他的《齐物论》里主张"天地与我并生，而万物与我为一"这样著名的命题。但是，那个场合，庄子的主张这么说：

> 天下莫大于秋毫之末，而泰山为小；莫寿乎殇子，而彭祖（活了七百岁的人）为夭，天地与我并生，而万物与我为一。（《庄子·齐物论》）

僧肇的主张则这样说：

> 玄道（之领会，归根到底）在妙悟，妙悟在于与真理成为一体。若与真理成为一体，有无（的对立）立即（消解而）当作相同的东西被观察。（有无）假如当作相同的东西被观察，则我同彼的差别立即消失。这样天地就与我成为同根，万物就与我成为一体。……（《肇论·涅槃无名论》）

即无论在庄子处还是在僧肇那里，所谓"万物一体"，被建立在排除大小、寿夭（时间的大小）、有无的基础上，是知性的、逻辑性的命题。程明道的"万物一体"或许不能说无仰赖于这些先人的地方。许多宋学的反对者洋洋得意地指出，此语出于庄子或者是僧肇。但是，尽管措辞是同样的，但其性质有根本的差异，这已经无须说明了吧。

明道的"万物一体"，就是万物一体之"仁"。庄子、僧肇的"万物一体"，与其说把人向责任和行动驱使，倒不如说使人向冥想和死心退避，这不是儒家的态度。

万物一体之仁　其二

明道说：

> 所谓仁，是把天地作为体，把万物作为四肢百体（手足及其他身体诸部分）。有不爱护自身的四肢百体的人吗？医书里命名手脚之麻痹症状而称为"不仁"，这应该说表现得绝妙。（《近思录》一）

为什么呢？是因为：

> 那个情形，虽然是自己自身之四肢的痛痒，但不能把它作为自己的痛痒来感觉，对自己的心全然不能带来什么作用。（《遗书》四）

就是说，虽然是与自己一体的东西，但其痛痒却与己不相关，这不是"不仁"是什么呢。所谓的"不仁"，意味"气没有贯通（身体）"，即生的连带断绝，并且对此事态自己无感觉。将本来的不外乎自己自身范围的万物之痛痒确实作为自己的痛痒而感觉，再使之恢复生意，这不外乎"仁"。所谓"万物一体之仁"，同虚无、漠然的［态度］，的确正相反。

明道的"万物一体之仁"说，可以说应该有两个系统。一是张横渠的《西铭》，二是明道的弟子、谢上蔡（名良佐、1050—1103）的知觉论。因为关于前者，后面有涉及的机会，故这里只是先介绍谢上蔡的论点。

035

> 所谓心是什么呢？不外乎仁。所谓仁是什么呢？活的是仁，死的是不仁。人把身体麻痹而不知痛痒称为不仁。桃和杏的种子一旦种下就长，所以称为桃仁、杏仁。[它]是表现有生意。若由此推论，仁之是什么呢，明白了吧。

即所谓仁，不外乎具有痛痒的知觉（与现代语的知觉大略意思相同）。这个意思，恐怕是说，以生理性的知觉，不断地大体上觉悟道德性的东西，就是仁。

仁的再一个意思

程明道除了极少数的诗和杂文之外，像流传着的记录其同弟子等问答的《语录》，不是可称得上著述的东西而要特别提及。作为他的思想的作品，最稳妥的是《定性书》和《识仁篇》这样两篇短文。前者是对张横渠书信的回信，后者是包含于语录中的略二百四十字的短文。那个后者，即普通被称为《识仁篇》的文章，首先如下那样开始：

> 学者须先识仁，仁者浑然、与物同体，义、礼、智、信皆仁也。

学者的任务在于仁（浑然的物我一体）之把握。这虽然是这篇文章的主体，但现在莫如应该注意义、礼、智、信都是仁这一说法。自古以来，把仁、义、礼、智、信作为所谓"五常"，视为人之德目的最基本的德目，但它们经常仅仅被并列。它们现在被视为最初的"仁"与以下的"义、礼、智、信"四者之间有主次不同。仁与其他四者非同格，仁才是根本的德，义、礼、智、信可以说是其限定。这一点大概程明道（→程伊川）传授朱子，成为构成朱子学宏大的理论体系的一个逻辑的重要契机。这一点有注意之必要吧。（但是，严密地讲，此说未必就始于宋代、始于明道）仁假如为体，五常则是用。所谓仁是仁之仁，所谓义是仁之义，所谓礼是仁之礼，所谓智是仁之智，所谓信是仁之信。添加这样的意思：仁是生生、是万物一体。这样，[仁乃]五常之更深奥的原理这样的观点现在被确定。

仁的方法

仁是绝对的"道"，是用言语不能形容的东西。假如立于此道，则天地之用（作用）皆吾之用。孟子说"万物皆备于我，反身而诚乐莫大矣"（《尽心上》）。学问的究极的目的在于得到由于实现这样的万物一体，即由于实现仁——生而[感受到]的伟大的"乐"。我们假如认识了此理，假如具备诚敬而保持不失那样做，就行了，"不用防检，不用穷索"，即对于恶的防卫、检点，或者对于道的分析的追究、探索这样的事没有必要。为什么呢？因为恶决不能始终对抗根源性的善。试看天覆万物、地载万物的情景吧。非因为是恶而不覆，非因为是恶而不载，天地对于善恶决不具有差别之见。"如有阳则有阴，若有善必有恶"，这是理之当然。否，这就是"天理"。所谓"天地万物之理，无独必有对"——半夜每当想到这一点，就不由地手舞足蹈。这就是明道的述怀。（《近思录》一）

所谓 "天理" 是什么

明道的著名的语言中有"我学有所受，只有天理二字，是我自己体会来的"这样的说法，而且，首先把"理"或者"天理"，纳入儒教之思索的核心部分，这的确是明道以及大概受其影响的伊川的不可磨灭的功绩，但那个场合，明道的"天理"绝不是始终与人欲对立的伊川—朱子的那个[理]。"事有善恶，皆天理"；"天下之善恶，皆是天理，所谓恶，绝不是本来的与善对抗的东西，不外乎为或者过，或者不及取个名称"。"所谓天理，此之一个道理也，不为尧存，不为桀亡"。原来，宇宙的过程，即道这个东西，已经是那样的。所谓天地之"生生"，是指充满宇宙的阴气和阳气，绲缊而互相杂乱包容，互相纠缠升降，在一刹那之停止也不知的不断运动的那个途中，产生出各式各样的"万物"，这"恰似磨子，以其有不整齐的上下齿，不停地旋转，磨出千差万变的谷粉"。的确如同孟子所说"物之不齐，物之情（实情）也"（《滕文公上》），多样性应该是世界的真相（《遗书》二）。道德的原理，于是不是否定，而是肯定。伊藤仁斋曾说过："程明道、范仲淹好仁；程伊川、朱子恶不仁"（《仁斋日札》），的确是这个意思。道德的原理，与其说憎恶不仁、不为不仁，倒不如说好仁为仁。

良知良能的思想

作为儒教的原则，万物万事之理，据说已经由往昔的圣人掌握殆尽，被淋漓尽致地记载于经典，即便程明道，也不会把经典的研究视为全然不必要。不过，在他那里，穷索即分析性的研究这件事，竟成为第二性的事，恐怕不可避免吧。仁或者道，与其说应该根据记载而分析知性的被领会，倒不如说应该直接在同情天地万物万民之生意的时候被体认。假如仁存在着，则一切的理在原理上就已被完全掌握。尽管一个个的理尚未分明，但早晚自然而然地变得分明。像以后的陆象山所说的那样，"存养才是主人公，防检和收敛是奴仆"（《陆象山全集》三五）。"天地无急迫之气象"，"学问者需要似天地之气象"，"所谓体天地之化，只体字多余"，"天与人，本来不是二，无言合之必要"。明道像这样地论述，作为其根据而提出孟子的所谓"良知良能"。所谓"良知"，是不虑而知的功能；所谓"良能"，是不学而能的功能。天既已予人以良知良能，则仁之把握就在原理上被保证。

明道的这样的思想，与其说是朱子学性质的思想倒不如说应该是阳明学性质的思想。在那里，"良知"的思想，已经显出萌芽。现在中国哲学史界称之为"主观唯心论"思想的原型，就是这样的思想。朱子将事事称引"程先生"的话习以为常，以对伊川同样的尊敬对待明道，但他说，唯独这《识仁篇》，"虽然确实是精彩的学说，但说得含混，初学者难以把握线索，大概不为人们所理解而误解吧"，故那个《近思录》里不收录。即便解释仁的场合，朱子虽然经常说"生意"啦"天地之生物之心"啦，但极少引用"万物一体"说。他自觉地警惕"万物一体"说。

廓然大公

所谓《定性书》，书是书简，即信，张横渠就"定性"这样的说法对程明道提出质问，是对这个质问的回信。横渠问，即便想"定性"，怎么也达不到性不动的状态，这是因为被外物所干扰。如何做方能定性呢？

明道回答说："所谓定，动亦定，静亦定，无将迎，无内外"，就是说定性这样的事，就是超越动静，超越内外、前后。性是无内外的东西。掀起内外之对立，是以穿凿为事之智的私的立场。无益地否定外而强调内，不若内外两忘。"内外两忘"，此时就有"定"。

039

> 夫天地之常，以其心普万物而无心；圣人之常，以其情顺万事而
>
> 无情，故君子之学，莫如廓然而大公，物来而顺应。
>
> 圣人之喜，以物之当喜；圣人之怒，以物之当怒。

物来则顺应啦、喜怒系于物啦云云，绝不是以外物为先的意思，而是想超越内外，或者统一地看待内外、确立"公"的立场，把握客观的妥当性。

明道的《定性书》的要点可以说在于"廓然大公，物来顺应"这八个字，总之是说要克服私的偶然性的情，不无益地生分别智（孟子所说的

"凿智"），在万事万物中求所以妥当者，那里就有"定性"即精神统一这样的真实的意思。自古以来，这篇文章被说成显然是禅性质的文章，这大概没有错，但仍然应该注意：该文除了［主张］动与静一如之外，内外两忘啦无内外啦，也被强调。假如从儒教［的立场］看，抛弃家庭和天下国家而出家，这归根到底是拒绝"外"而只确立"内"的立场。以这样的立场，决不会获得真实的道。

四、理的哲学和气的哲学

伊川和明道

程伊川（1033—1107），名颐。明道之弟，比明道小一岁。少年时期，兄弟俩就学于周濂溪的事，如同已述。随后上都城（开封）的太学，接受胡瑗的教育。胡瑗与其说是思想家，倒不如应该说是大教育家，是首先提出"明体达用"这一士大夫教育之大目标的人，这已经一言带过。不久，伊川在宫中被任为讲读官。他获得真诚的侍讲这一崇高的名声，很多的士大夫成为他的弟子，但在另一方面，因为以天下为己任，于议论和批判的场合，直言无忌，似乎又树立了相当多的敌对。著名的苏轼（苏东坡）恰好同时在翰林院，他名声很高，是文学者的领袖。文学家讨厌规规矩矩的道学先生，无论是过去还是现在都是同样的。此种场合，程氏的一派同苏氏（出身于蜀即四川省）的一派彼此不和，被称为洛党、蜀党。不久，受所谓的新法党、旧法党之争牵连，终于被打成流放者。后来，虽能恢复原官，但这回又因为建立以邪说惑人的党派这样的理由，受到了被河南府检察、其门下所有的学生放逐、身为领袖的伊川登记于党人目录这样的处分，但据说从四方投奔来的门生依然不离去。患病垂危时，弟子向前靠近说，先生平生的学问现在即将有用。听到这样说，伊川略微睁开眼，责备道，对道的学问来说，有用这样的说法不正确。"其人尚未出寝门而先生殁"。道学的根本理念是讲不为了什么，只是为了道本身而学习道、实践道（"无所为而为"，张栻之语）。伊川的临终一语，可以说使道学先生的面目栩栩如生。

据说明道春风和气，伊川秋霜烈日，明道和伊川，在性格方面非常的不同。[伊川]曾瞑目静坐，二个弟子侍立。经过相当长的时间，因日暮，伊川告之曰：归休吧。二个弟子退而一看，外面的雪积有一尺多厚。

仁和爱的关系

儒教的中心教义是仁，其最普通的意思是"爱人"。但是，如果像唐以前那样，把儒教以周公为中心来考虑的话，则中心教义未必是仁，也许可以说"礼"就是其中心教义。但是，如同已经叙述的那样，所谓儒教，唐以后改变了面目，开始强烈地意识孔子之教这样的意思。于是像韩愈的《原道》的场合那样，其开头就有"博爱之谓仁"，仁就是爱。

与此相反，一进入宋代，各种各样的仁说就兴盛起来。其第一位的仁说，就是已经举出的程明道的仁说。对于这个仁说，朱子是非常警惕的，这已一言带过。总的说来，朱子对程氏兄弟表示非常的敬意，当作自己的先驱者。但在实际的思想内容的继承这方面，可以说差不多完全继承了伊川。关于仁的思索也是其一例。伊川首先如下那样的主张：因《孟子》里有"恻隐之心，仁也"（《告子上》）这样的话，故后世终于以爱为仁。恻隐、怜悯，即便的确当作爱，但因为爱是情，仁是性，所以不能直接地把爱视为仁。孟子确实把恻隐作为仁，但必须注意在它前面已经说过"恻隐之心，仁之端也"（《公孙丑上》）。只限于有"仁之端"，当然不能直接等同"仁"本身。仁者不用说是广泛地爱吧。但是，像韩愈那样，直接把博爱当作仁是错误的。云云。

那么，伊川关于仁提供了怎样的定义呢？他之仁的定义是"公而以人体之"，（《近思录》二）其意思，如朱子的解释那样，就是这样的意思（公而无私就是仁）吧。但是，伊川的这个仁的定义，就其自身而论，其实不是有思想史性质之重大意义的定义。[说它有]像明道的"万物一体之仁"

对那以后的思想史所具有的那样重大的意义，是不能承认的。

体和用的严格区别

但是，可以说伊川的仁说的前半，即对仁＝爱的批判方面，后来作为所谓朱子学的集大成的独特思想的一个要素来考虑时，则具有重大的意义。他断然地分开爱与仁，以为相对于前者是已发之"情"，后者则是未发之"性"。仅仅这一点，也许不能具有充分的意义。但是，若参照后来在朱子那里最终被整理为下列的范畴系列来考虑的话，就能够认识：应该说朱子学之可谓核心的逻辑，此时已经大致明确地形成了。

假如以常见的例子说，[不妨看]《论语·学而篇》第二条：

> 有子曰：其为人也孝弟，而好犯上者，鲜矣。不好犯上，而好作乱者，未之有也。君子务本，本立而道生。孝弟也者，其为仁之本欤！

此条最后一句，在朱子学，读为"行仁之本"，决不读为"是仁之本"。像该条的朱子注所明说的那样，这是根据伊川的逻辑。像仁是体，爱是用那样，这个场合，仁是体，孝悌是用。孝悌作为对双亲的爱，是最大的爱，因此可以说孝悌是实践仁的开端，是实行仁之本。但是，把不过是情、不过是用的孝悌，说成是性、是体的仁，是那个仁之本，这在逻辑上说不通。

相比哥哥明道之学问的、思想的态度是浑一的、直觉的，弟弟伊川是分析的、思辨的、逻辑的，这是公认的。伊川强调"思（致知）"这样的事情。例如，即便作为为了克服人欲的方法，也强调"思"这件事，说"学莫贵于思，唯思能窒欲"（《二程遗书》卷二十五）；"天下物皆可以理照"（《二程遗书》卷十八），这是他的信念。从这里产生了后来的朱子把其作为先驱的他的格物说。关于这一点，打算在后面朱子那一章里涉及，而像这样的伊川的分析的态度，在仁说里，仁和爱也被区别。

阴阳和道

应该与此并行地被考虑的再一个学说，是对于《易经》所谓"一阴一阳之谓道"（系辞传）的他的解释。他说：

> 离了阴阳更无道，所以阴阳者，是道也。阴阳，气也。气是形而下者，道是形而上者。（《遗书》一五）

在这里我们接触到极应注意的新的见解。历来把"一阴一阳之谓道"这一《易经》的话，解为阴和阳二气之纲缊，而把阴阳二气的纲缊直接考虑为道。与此相反，伊川指出，道即便不是离阴阳者，但阴阳那个东西和道明显的立场不同。这说的是，《易》里另有"形而上者谓之道，形而下者谓之器"这一明白的定义，以伊川的考虑，根据这个定义的场合，道和阴阳明显的立场不同。

为什么？因为阴阳是气，气即物质，总之是作为形而下（其意思是能取得形状）的器。不会是阴阳即道[之意]，"一阴一阳之谓道"的意思一定有别的什么[解释]。不是说"阴阳"而是说"一阴一阳"具有什么意思。这不是指阴阳本身，一定是指"所以阴阳"者，即在阴阳这一现象的背后作为阴阳之根据的东西，这就是道。这样的想法，明显与前面就仁区别仁与爱的想法相似。明道说过"器即道，道即器"，但伊川对其制定了层次性的区别。不是"阴阳"而是"所以阴阳"是道这样的观点，后来为朱子所继承，成为构成贯通朱子学的基本逻辑。道（也可称之为"理"）这样的语词，含有"当然"与"所以然"这样双重含义。"当然"即确应如此，就是作为规范的意思；而"所以然"即所以如此，换言之，就是作为根据的意思。若遵从朱子，那个道是根据这样的意思，现在被赋予理论化的端绪。

性即理的端绪

继承程伊川之思想的朱子，经常赞不绝口的伊川的话是"性即理"。伊川的"性即理"和张横渠的"心统性情"这样两句话，对朱子来说，是所谓"颠扑不破的大真理"。假如以一句话称谓朱子的伦理说，则不外乎"性即理"这三个字，这是数百年来的定论。此说与陆象山—王阳明的"心即理"的斗争，是中国思想史上最壮观的事情，而其端绪确实由伊川开启。

本来，在中国，关于这个"性"的议论，自古持续地被讨论的问题不多。孔子的"性相近，习相远"以后，历经孟子的"性善"，荀子的"性恶"，告子的"性无善恶""性为生"（《孟子·告子上》）等众所周知的性说，直至唐代韩愈的"性有上、中、下三品"说，性是中国的思想家最爱的论题。其中，"性恶"或者"性无善恶"说，与其说在宋代，倒不如说只要是儒家，通观历代，几乎无信奉者。宋学的根本前提，断然是性善说。其场合，留下二个立场。一是明道所陈述的"生之谓性"——就是说这虽是告子的说法，但因为已被孟子所否定，故不便公开说那是告子的主张；再一个是《中庸》所谓"天命之谓性"的性。伊川解释这二者，认为"生之谓性"的性是孔子的"性相近"的性，就是说禀受（出生带的）这样的意思；与此相对，所谓天命之性，因为称谓"性之理"，所以应该说是先天的道德性。总之，"生之谓性"的性，是说或多或少为气所覆盖、所歪曲的性。他把那个天命之性称为"极本究源之性"，而把生—性这一方面称为"气质之性"，并根据孟子的所谓"养气"法排除对后者的气的障碍，这样来实现一如本来、就是说一如理的性，来放置修养的原理。张横渠也有"天地之性"与"气质之性"的对立、"变化气质"这样的思想，不久为朱子所继承。

饿死和节义

虽然无充分引用之余地，但［表明］伊川的哲学已经是十二分的"理"的哲学。伊川的场合，"理"之强调，达到了极特征性的人生观，即"非天理则人欲"这样的人生观。作为宋学之核心的"天理·人欲"概念，现在伊川那里头一次出现。伊川说：

> 本来，人既然有身，便有自私，难以与道合一，应该说是当然的。
> （《近思录》五）

"不为天理即私欲……不为人欲皆天理"，像这样天理人欲之间的紧张，造成严厉的"名教"主义结果，是容易想象的。著名的"饿死事极小，失节事极大。"（《二程遗书》第二十二卷）这样的严肃主义，在某种意义上，是不能避免的事。问可否与寡妇结婚，伊川回答说：

> "不应该结婚，若与失节者结婚，这就成为自己也失节。"接着，对"贫而无亲属的寡妇场合，能允许再婚吗？"这一提问，回答说：
> "在后世，说那样的事情，是因唯恐饿死、冻死。然饿死事极小，失节事极大。"

敬

伊川注重分析的、理论的研究（穷理）的事，已经论述了。与这样的知性的态度匹敌，他强调的是"敬"。其思想的源流，大概源于濂溪的"静"。这也同"性即理"之说与"所以阴阳之道"这一观点等一起，予朱子以重大的影响。作为学问之重要方法（与理的知性的追求的穷理（格物致知）匹敌的另一个方法）的"居敬"，同样在伊川那里被讲解。所谓"敬"是什么呢？伊川定义为"主一"即"以一为主"。那么，一是什么呢？这是说"无适"，即"莫行"。总而言之，所谓"敬"，就是心哪儿都不去使，维持专一集中的状态。这即便在普通一般的场合似乎也说的，但其中心的局面恐怕就是不断地维持对于道德性的东西、道德法则的精神集中、敬畏之念。程氏之门人谢上蔡说所谓敬是"常惺惺之法"，就是说经常觉悟之法，同样是这个意思吧。这样，"敬"纯粹是内面性的原理，但它绝不是与外在的物没有关系。"有盘坐而心不慢者吗"。外表上保持脸部紧张的严肃态度，这虽然绝不是直接维持敬的方法，但"敬"应该从这儿开始。"如果据敬涵养心，天理自然明显起来"。不管怎样，与知性的所谓"穷理"匹敌，"敬"被提倡。"涵养须用敬，进学在致知"（《近思录》二），这一车之双轮性的口号被提出，又是具有作为朱子的先驱的重大意义。

张横渠

张横渠（1020—1077），名载，今陕西省西安之西的郿县之横渠镇人。小时候双亲见背，然具有非凡的气质，尤其喜好议论军事。十八岁，时恰当西夏的李元昊不断入侵宋朝之际，希望建树伟大的功勋，而会见范仲淹叙说其抱负。了解他之气量的范仲淹晓喻曰"儒者自有名教可乐，岂以兵为事"，而且赠予《中庸》一册。在此时，他幡然立志于道。但是，最初的时期，热衷于佛教和道教思想的研究，但不久去都城见程氏兄弟（同张载是亲戚），于此时开始完全抛弃异学。这一时代，由于异民族的屡屡入侵，绝不是平稳无事。又，提起范仲淹，则是缔造北宋之可谓极盛期的名臣中的名臣。这个范仲淹指导横渠的话，的确应该说是特征性的。从原始儒教以来，儒教虽然各式各样地改变面貌，但贯穿儒教历史而不变的东西之一，就是力之否定、军事之蔑视。

不久，通过科举考试成为进士，当上了地方官，又被任命为宫中的编撰官。后反对王安石的新法而辞官归乡，每日静坐于一室，"伏而读，仰而思，若有所得，即便在夜中，也要秉烛而书之"，写出了代表作《正蒙》。据说他是个刚毅之人，努力复兴古礼，因此关中的风俗为之一变。又认为假如要实现三代（夏殷周，中国的黄金时代）之治，无论如何也必须从土地制度的改革开始，于是与同志们一起买进土地，把它区分为井田，尝试先王遗法的井田法的实施。为了实施井田制的研究好像非常精练，但没有实现其志而含冤死去。

气的哲学

张横渠的思想是"气"的哲学。现代中国的哲学界，认为在中国的哲学之历史里有三个流派：普通是把伊川，朱子的"性即理"的哲学视为客观唯心论（客观的观念论）；陆象山、王阳明的"心即理"的哲学视为主观唯心论（主观的观念论）；把张横渠以及远承张横渠之思想的明末清初的王船山的"气"之哲学视为唯物论，并将其中的唯物主义哲学当作最高的哲学，而予张横渠的哲学以高度的评价。他的哲学是气的哲学，这是明白的。但所谓"气"究竟是什么呢？我认为这样的观点（与其说气不是单纯的物质，倒不如说它应该是生命的原理、生命原体）恐怕是可以存立的，但目前在包括像这样的生机论的东西的意思上，［将气］当作物质原理。［那么］所谓气之哲学是唯物论，绝不是不合道理的断定。

他把宇宙考虑为"虚"。"天地以虚为德，至善者虚也"，就是说天地的根本性质在于虚这方面。虚的极致，便为"太虚"，它是天地宇宙的别名。所谓"太虚"，简言之不外乎气之充满。太虚之气，"聚而为万物，万物散而归太虚"（《正蒙·太和篇》），即万物是由气之凝聚而构成的东西，那个气乃是构成宇宙那个东西所依靠的东西。人和万物也浮在"气之海"。在宇宙内，气是难以想象的存在。

气块然为太虚，或升或降，或动或静，或屈或伸，飞扬而一瞬也不停，这就是《易》所说的"细缊"。《正蒙·太和篇》

虽然到哪儿都相同一个气，但同时常常必定是阴阳二气。二而一，一而二，在本质上是矛盾着的存在。一切的存在不外乎从像这样的气（阴阳）之自己运动的过程中产生出来的东西。这宛如水同冰的关系。所有的存在在变化途中，只是暂时的形态，就如同水的一部分变成冰浮着那样的东西（太和篇）。即便在我们的肉眼不能认识的任何存在场合，宇宙里也"无无"（太和篇），虚无的空间这样的东西哪儿也不存在。不是说有了虚无的空间后，气才充满于其中，气有其自体，就是空间。把"无"作为其哲学之原理的佛教之误，从这一点上亦可了解。

由像这样的气的自己运动产生出万物，换言之，万物"由气而化"才有"道"。"由太虚，有天之名；由气化，有道之名"。所谓"道"，就是宛如野马，即春天的原野里到处洋溢的蜉蝣似的细缊气的自己运动过程那个东西。虽然把旺盛的活动状态包含于内，但保持无比的调和即"太和"，这

049

之中就有"道"。所以，风雨、霜雪、万物、山川，作为一而"无非教也"。像这样的气的作用，是超越普通人的常识的灵妙的东西，其取名为"鬼神"。所谓"鬼神者，二气之良能也"。假如视所谓"生"为气之集结，所谓"死"则为气之解散，则死与生之间，应该说不存在任何不可理解的深渊。

天地　吾　同胞

作为横渠的著述，最著名的是陈述其唯物论哲学的《正蒙》和仅二百五十三字的《西铭》（《近思录》二）。《西铭》是悬挂于他之书斋的西窗的规诫文字（铭），与挂在东窗的《东铭》成双的文章。但《东铭》的事几乎不被说起，净成为问题的是《西铭》。《西铭》首先如下似的开始：

　　　乾称父，坤称母，予兹藐焉，乃混然中处。

人是微弱的存在，但以天为父，以地为母，在其中间作为三者混然、即《中庸》所谓"与天地参"而活着者。

　　　故天地之塞，吾其体；天地之帅，吾其性；民吾同胞，物吾与也。

塞于天地之间的东西，不用说是气。禀受那天之阳气、地之阴气而存在我这样肉体的存在。假如注意那天地之气与聚而形成吾肉体之气的同一性，则可以说"聚亦吾体，散亦吾体"（《正蒙·太和篇》）。大凡充满于天地间的东西都可以说是气——吾。但人不仅仅是气，由于人最高度地藏有天命之"性"（道德性），故成为万物之灵长，可以说是宇宙间的气之"帅"（"志，气之帅也"。孟子语）。他首先这样指出在宇宙里人的地位，接着说万民皆兄弟、万物皆朋友。朱子就此处注曰：因为是同胞，故"以天下为一家，以中国为一人"（《礼记·礼运》）。而且，因为是吾友，故大凡存在于天地间的东西，动物，植物，具有感觉作用的东西和不具有感觉作用的东西，全部使其全生——性。这就是儒者之道，它参天地、赞助天地之化育以后才可以说完全地完成了其使命……

宇宙的家族主义

《西铭》进而继续说：

> 大君者，吾父母宗子，其大臣，宗子之家相也。尊高年，所以长其长，慈孤弱，所以幼其幼；圣其（与天地）合德，贤其秀也，凡天下疲癃残疾，茕独鳏寡，皆吾兄弟之颠连无告者也。

以下，接连书写为子者的心得，但人们在这里也许不能读懂典型的家父长主义、充其量是家父长的恩情主义以外的意思。这确实是理所当然。假如从"万物一体之仁"说过度地引申出平等主义，所谓"四海之内皆兄弟"（《论语》），这未必把握了真相。孟子的话语里有"亲亲、仁民、爱物"，但儒教的爱的学说，主张对于像这样的骨肉之亲、一般人民、进而那以外的场合，在各种各样的场合，爱都必须有差等。"万物一体之仁"也绝不是指向打破这一前提的学说。这或者是宇宙性的家父长主义，《西铭》也许可以说正指示了那件事。像这样的看法也不是没有理由，但我想怀疑：所谓视天地为"我与众所共有的一大父母"（关于《西铭》的朱子之语）这样的宇宙性的家族主义，与强烈的理想主义相结合时，不用说没有起到平均主义的乌托邦主义（同胞主义）的作用吧。

果然，《西铭》著作的当时，其同时代就有人怀疑这个《西铭》，说不就是墨子的"兼爱"吗？（《朱子语类》九八）据说又有人把这个《西铭》比作异端邪说的杨、墨，骂为"名教之大贼"（《朱子文集》七一《记林黄中辨易西铭》）。我仍然想把"民吾同胞，物吾与也"这样的口号作为指向平等的思想来评价。事实上，后世引用《西铭》，大部分是把这一"民胞物与"作为平等主义的、人道主义的抗议的口号来引用。朱子任知事的时候，据说遇到过士大夫的子弟乘马将普通人家的孩子撞成濒死之重伤的事件，官僚都为士大夫的子弟辩护，但朱子诵读《西铭》的"民吾同胞，物吾与也"的一段，终于没有听从（《朱子语类》卷一〇六）。程明道称赞这个《西铭》为《孟子》以后最伟大的文献，评价：《孟子》以后只有韩愈的《原道》可以说，但不用说《西铭》应该是《原道》的宗祖。明道以前也指出，它值得［进］明道的"万物一体之仁"的思想谱系。在程氏的学派里，《西铭》是被作为一种教科书使用。

邵康节和图书象数之学

作为波及宋学的道家——道教性的思想之影响，已提过那样的一种宇宙的感情、夺取宇宙造化之机这样的志向。但作为那样道家系统的思想家之最著名者，可以举邵雍，即邵康节（1011—1077 年、洛阳人）。他是继承宋初著名道士陈抟（陈希夷）的系统的学者，学过在道家内部所传的图书先天象数之学。所谓图书，是指河图洛书，就是说远古时从黄河与洛水中出现的形而上学的图表；所谓先天，在易之哲理的解释里有所谓的先天说、后天说，其先天象数，所说的就是易之解释学之中根据图像方法的象学和根据一种数理哲学的数学，简言之，就是易之宇宙理论或者宇宙时间理论的极其密教性质的东西，是在道家道士之间绵绵流传下来的东西。

他步入而立之年，时当著名的庆历时代，是由于范仲淹、文彦博、欧阳修等这样的理想主义的政治家，北宋迎来了最初的高潮时代。而且，他的晚年，是著名的王安石时代，这时还有司马光、苏轼等，与王安石对立，活跃在政界；程明道、程伊川、张横渠等大思想家也全都是与其同时代的人。当时，富弼和司马光等要人，退出官界而居于洛阳。程明道、程伊川等也在此地鼓吹新的理想主义哲学，同时张横渠也曾一度在这里讲课。当时的洛阳，可谓中国思想史上的一大壮观。富弼、司马光辈为邵康节提供买于洛阳的住宅。他乘着被一个随从拉的小车，兴高如愿地外出。士大夫一旦听到熟悉的他的车声，即争着出迎，以至于孩子和男仆，都只说"吾家先生至也"，不称呼其姓名和字。据说身份高贵之人、卑贱之人、贤明之人、愚蠢之人，全都以诚接待，大家一起举杯，笑语喧嚷地度日。屡次被政府授官，但都没有就任。在洛阳的天津桥上听到杜鹃声而面带愁容，说二年以内要出现南人宰相，而且以后天下开始多事起来。这是预言王安石的出现，它是著名的传说。

宇宙时间的周期

他的学问，如上面所说是图书象数之学，但尤其应该注意的是那个"数学"。二程将其数学评为"空中楼阁"，好像不怎么认真理睬。但是，它给予朱子相当影响。他的数学之中最通俗的部分，就是那个《皇极经世书》内能看到的"元、会、运、世"之说。这应该说从时间方面观察的宇宙哲学，或者宇宙时间的周期。所谓的元、会、运、世，即一世是三十年，十二世是一运（三百六十年），三十运一会（一万八百年），十二会一元，就是说它的计算是 $30 \times 12 \times 30 \times 12$。总而言之，一元为十二万九千六百年。一旦来到一元，天地就更新。《易》所谓"穷则变，变则通"，说的就是这个意思。但是，这个一元之数，不过是最初的循环单位，宇宙时间进而元之世（129600 年×30）、元之运（129600 年×30×

12)、元之会（129600 年×30×12×30），元之元（129600²年），无论怎样也前进，最后计算至"元之元之元之元·二万八千二百十一兆九百九十万七千四百五十六亿年"。

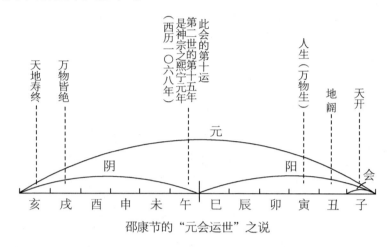

邵康节的"元会运世"之说

这个一元，现在如果稍加说明，则如上图所示，被比作一昼夜，前半相当于阳，后半相当于阴。认为最初的一万八百年（第一会）天开，接着的一万八百年（第二会）期间地辟，第三个一万八百年（第三会）的期间内产生人、产生万物。而且，第六个一万八百年这一期间，若用《易》来说，则是相当于乾卦的天地全盛时期，据说尧是此会的第三十运的第九世，即如果从元之开始说，则自六万四千七百十年至六万四千八百年之间，为尧的治世。又，康节生活的时代，譬如宋之熙宁元年（1068），是这一会（第六会）的第十运，若从元之开始通算的话，则是第百九十运的第二世的第十五年，即从开始数为六万八千八十五年。经过天地全盛的时期，宇宙时间开始渐渐地趋向下坡。

像这样的元会运世之说，另外的各种各样的康节之说，果真指什么呢？"总而言之，若不把先生从地下叫起来请教，则无论如何也不能通其旨"（狩野直喜《中国哲学史》）。关于这一循环的进行，也有如下两种解释：一种解释以为从第一世开始一直向上至十二万九千六百年，在这个极处，再一变回归原始，第二元开始。另一种解释以为一元即十二万九千六百年之内，前半向上，后半下降，其下降之极，便是第二元的开始，再转变向上。现在姑且根据后说。哪一说正确呢？我亦不能决定。

以物观物

上面叙述的是他的所谓"数学"，他还提倡"观物"，那是说"不以我观物者，以物观物之谓也"（《观物内篇》）。例如，像古今之区别一样，固然以我而观便产生了昔与今的区别，但若把观的我完全取消而观的话，这样的区别就全消失。

> 以物观物是"性"，以我观物是"情"，性公而明，情偏而暗（《观物外篇》）。

他的思想，虽然由道家的"数学"出发而含有［道家思想内容］，但儒教的色彩也非常浓，所谓宋学性的说教也绝不少。朱子对邵康节也大表敬意。所以就有［这样］的事——也把他列在朱子学的先驱之内，与周濂溪、程明道、程伊川、张横渠这四人合并，称为"北宋的五子"。前面把宋学的思想特征规定为泛神论的世界观，而最出色地表现了这个特征者恐怕就是这个邵康节。他有《击壤集》这样的诗集，它在中国的诗集中是很古怪的，通篇应该说是所谓的思想诗。例如《观易吟》这样的诗：

> 一物其来有一身，一身还有一乾坤，
>
> 能知万物之备我，肯把三才（天地人）别立根；
>
> 天向一中分造化，人于心上起经纶；
>
> 天人焉有两般义，道不虚行只在人。

像这样的诗，恐怕可以说以最不压抑的形式表现了作为宋学之基础的泛神论。朱子评价其学问，以为它"包括宇宙，终始古今"，但我想无论如何也应该知道在宋初出现了像"元会运世"学说那样雄大的思想。它与司马光编纂的名著《资治通鉴》、欧阳修编纂《新唐书》和《五代书》，都是同时代的；与产生出欧阳修的批判性的经学与春秋学，也是同时代。但是，遗憾的是，其雄大也不免［让人］有只是由相同程序之平面性的重复而完成之感。

第二章

宋学的完成——朱子学

一、中国最大的思想家——朱子

东亚之世界史的事件

　　展开为周濂溪—程明道、程伊川（二程子）—张横渠的新思想，即照当时的语言乃所谓"道学"，在宋迁都南方而成为南宋之时，好像已经在士大夫之间获得相当的信奉者。于是，朱子（1130—1200）出现，予道学以首尾一贯的体系，完成了所谓的朱子学。朱子的出现，就朱子学的影响地区不仅仅局限于中国这一点［而言］，也是东亚世界的世界史的事件。

　　朱子是尊称，本名是朱熹，原籍为安徽的婺源（现江西省，昔时新安之地），实际出生成长的地方，是福建省的山间地带。父亲早就作为诗人为人所知，而且是学习道学的理想主义者，后来反对秦桧对金和议而被中央官界驱逐。按照父亲的遗言，朱子从少年时代起就研究道学。十九岁通过科举考试成为进士。以后，在福建省、广西壮族自治区、浙江省等各地，历任事务官、知事、首都比邻地区的经济部长等，再任湖南省的警察长官，最后成为侍讲而尽心辅导宁宗皇帝，但被权臣、韩侂胄憎恨，在职仅四十五天就被免职。韩侂胄的一派不停止对朱子等道学家的迫害，终于以"伪学"之名，把其学生一起从政府的官职驱逐，以至于禁止其著述的流布，这就是所谓的庆元伪学之禁。他在官五十年，就是在官吏的职员录里五十年间都被登录，但实际地做有职务的官，只是作为地方官的五次，共计九年，和作为宫中的侍讲的四十五天，其他全都是奉祠之官。所谓奉祠官，

059

就是成为建于全国各处的道观（例如湖南省长沙的南岳庙、浙江省台州的崇道观等）的管理官，这是不一定有必要实际赴任的名义性的官，总而言之，是对退职官吏和学者等的优待策略。

换言之，朱子作为官吏，未必能说荣达，虽然如此，但并不是始终任下级官僚。普通他只是作为所谓道学先生、哲学家为人所知，并且这是当然的事，但他实际上是个即便任行政官也做过杰出事情的人。作为地方官的他，以非常的热情勤奋于职务，救济浙江省东部的大饥馑啦，废止不合理的税金七百万啦，创始社仓法等社会设施啦，其成绩应该大大地评价。这完全根源于"全体大用"所有的那个哲学的根本思想。

朱子学的分类

朱子学的内容，大致地划分，大约能区分为四个或五个方面。第一是存在论，即"理气"说。第二是伦理学或人学，即"性即理"之说。这个伦理学的部分，不用说，构成朱子学的中心。第三是方法论，即"居敬·穷理"之说。第四是古典的注释学及著述，总之如《四书集注》和《诗集传》等那样的著作，还［包括］非注释而是历史书的《资治通鉴纲目》和《文公家礼》等。作为第五，是关于科举的意见和社仓法、劝农文及其他具体的政策论的著述。

无论怎么讲，在中国历史上朱子大概也是最大的思想家、学者。作为与他匹敌的学者有后汉的郑玄。因为清朝的考证学者竭力地言过其实的褒奖，人们好像认为作为学者的是郑玄，朱子只是思想家而已。但果真怎样呢？这姑且不论。关于上面第四、第五点也应该充分解说，但在这里也预先就省略而道歉。尤其《通鉴纲目》，不但在中国发生过影响，即便在我国，一方面为荻生徂徕所痛骂：

若看《通鉴纲目》，则古今之间中意的人一个也没有，因为以此见解观察今世的人，人品变坏就有理由。而且《纲目》之议论，如同盖印似的，格式固定、道理一定，大体有极限。天地是活的东西，人也是活的东西，像以绳子紧捆那样看之，就的确是无用的学问……（《徂徕先生答问书》）

相反，另一面，其正名主义、名分主义，据说成为明治维新的尊王倒幕思想的一个源流，即便仅从这一点［来说］，它也是应该解说的书，但现在无此余裕。此外，作为我之理解朱子或理解宋学最受益的著作，想举出后藤俊瑞《朱子的实践哲学》（一九三七年）、安田二郎《中国近世思想研究》（一九四八年）、楠木正继《宋明时代儒学思想之研究》（一九六二年）这三部，尤其要自白的是，从安田氏的书受到了决定性的影响。

一气　阴阳　五行　万物

大凡存在全部由气所构成这样的思想，绝非开始于宋代的想法，汉代的道家的书籍《淮南子》等中，那个学说已经被相当详细地叙述。以后，那个看法，可以说作为常识，一直在中国的知识分子之间代代相传。但它特别成为儒教哲学的思辨对象，被纳入哲学体系的原理里，乃是由于宋代的二程子及张横渠，尤其是张横渠。朱子在这方面继承张横渠及被以为受横渠之影响的程伊川的理论，通过逻辑的彻底地思索之，确定了关于气的中国性的思辨的可以说最好的［体系］。"天地以生物为心，譬如用甑蒸饭那样，气自下向上滚又滚下，一个劲儿在内部滚，便蒸得熟。天地只是包含许多气在里面而无出处，滚一番便生一番物。天地的活儿只是生物，这一点，与必须有各种各样的应接的人不一样。即便说'为心'，也不是说切切然去做（生物）。"（《朱子语类》五三）

存在的东西全由气所构成。气具体说的话，则为瓦斯状、空气状的物质。也有将气考虑为原子论性的东西的观点，但这恐怕不能成立。气运动不止，这就是所谓的"动静"。气处于"动"的状态时，即运动程度大的时候，将它命名为"阳"；处于"静"的状态时，即运动程度小的时候，将它命名为"阴"。不是有阳之气、阴之气这样不同的二气。气的某部分、某状态，适应观点，就成为"阴之气""阳之气"。阳之气凝聚而成为木、火二个元素，阴之气凝聚而成为金、水二个元素，这四者内再增添"土"就是"木、火、土、金、水"，这就是普通所说的"五行"。其中土这个元素是特别的元素，它处于其他四个元素木、火、金、水每一个元素之中，是使四行各自作为自身而存立的可以说像卤水似的东西，或者像核似的东西。就是说无论是木还是金，其中如果不包含土，则木或者金就不能作为木、金而成立、显现。

五行的搭配

总之，无论一气—阴阳，还是阴阳—五行，都不能认为它们之间有任何次元性的不同。就是说即便在把五行特称之为"质"而区别于"气"的场合，气同质之间，在原理上也没有任何性质的不同。五行一旦进一步被各式各样地搭配，万物就产生在这里，但五行—万物之间也是连续的，在那里的东西只不过凝聚、搭配的程度的问题。这时的结合，根据五行中谁优越来决定其物的性格、性质。譬如同样是人，木气特别优势的人，具有仁即爱情深厚，而火气优势的人则具有礼即很有礼貌。即便关于时间，也可以同样地考虑。阳之气为优势的期间则春和夏、阴之气为优势的期间则秋和冬。其中，木若为优势则春，火若为优势则夏，金若为优势则秋，水若为优势则冬。不用说不使木气之优势仅是结束于放荡不羁的木气之活动里，那个使春得以确立的东西，它就是土。春季内，土特别发挥其作用的时期，将它称为土用，就有这样的理由。（土用不只是发生于夏季）。当然，阴阳、五行的关系绝不是单纯的关系。阴之中有阳，阳中有阴，木之中有水，火之中有水，像这样，其关系可能无限复杂。但无论如何，以人为顶点的万物，总而言之无非是气之凝聚的多样化，这被朱子无比明白通畅地理论化、体系化。

世界的生成过程

如果综合朱子所说的内容，则世界的生成经历了如下的过程。首先，在最初的阶段，是其中包含着各式各样的浓厚的部分、稀薄的部分等不断运动不止的气。这个气（阴阳之气）团团地连续旋转运动，回转一旦变得急速，因为其各部分的摩擦而里面产生很多渣滓，因为那渣滓无出处，故堆积于旋转的中央而形成地。即地在中央而不动，而在其外面，精的气，即日月星辰（各为气之独特形式的凝聚体）则做旋转运动。总而言之，地之上一寸、一尺就已经直接是天，因为天激烈地旋转，所以地才能不坠落。朱子还说：

063

> 混沌未分，天地尚未形成的最初之时，大概水火（二行）最优势吧。那水的渣滓变成地。今若登高远望群山，则［看到］波浪翻腾的情景，就因为［它原来］是水（这个观点还促使朱子注意化石现象）。它不知什么时候凝结的。开始是很柔软的，但后来就凝结得很坚固。相对于水之极浊者变成地，火之极清者变成风、雷、太阳和星星等。（《朱子语类》一）

这里所说，如果回头看一气、阴阳二气、五行的关系，则与上面所言的天地生成论不矛盾。这样的观点，在中国自古具有的宇宙构造论之中，不属于天像碗一样固定笼罩在地之上、绕左旋转这样的盖天说系统的见解，而属于将天与地的关系比为蛋黄和蛋白的关系这样的浑天说系统的见解，是特别明显的。（这个蛋之喻，不意味着地是球形。在朱子那里也认为天圆地方，即相对天的圆形，地始终是方形。这个比喻的意思只是说天地不是上下的关系，只是内外的关系）以下，他就诸如天之赤道、黄道、北极、南极、日月运行及运行速度、月自身不发光只是接受了太阳光之后才发光，月中之影也许就是地的影子，等等，给予了详细且明白的说明。[7]

死后变成怎样

人也是由于气之凝聚而生，随着气之分散而死，这与其他一切存在没有什么不同。只是构成人的气是清的、不偏的、相通的气——其实质的意思也许是浓度均等流动的气这样的意思；但动物、植物、微生物不是这样，只不过仅此不同。我们不应该像佛教徒那样予死以特殊的意思。所谓死，不外乎是构成人体的气向本来的"气之海"复归。但是，在这里产生了一个大问题，这就是：如果把死视为气之分散，则儒教作为人之最重大的行为所强调的祖先之祭祀，应该怎样理解呢？像在古典里明说的那样，如果以真心祭祀，则先祖之气"来格"，因此祭祀这件事是有意义的。就是说，先祖之气已经完全分散，但它不会全然消失殆尽，曾构成先祖之身的气，分散之后还应存在于什么地方。但是，若那样看，仍然产生问题。第一，像那样一度使用完结的气，不断堆积，就会形成很大的量，其占据之场所的位置，广狭理应能指称，否，开辟以来直到今天的堆积，像那样的空间的余裕一定已经完全消失。第二，但现在打算不问这一点，而试图把一度分散的气作为仍然存在于什么地方的东西吧。其分散、消失了的气，再一次聚积起来凝结，这样的事确实可能吗？这只有说不可能。这不能视为说

"生生"、说"日新"（苟日新，日日新。《大学》）的儒教的教诲。如果只是说全然同一的气反复往来，简言之那不过是佛教的"轮回"。（参照后藤俊瑞《朱子的实践哲学》二六六页以下。伊川早就说过，这个道理不仅仅对人，而且适用于一切存在）。

气之逻辑的矛盾

总而言之，朱子的气的理论，在这里面临重大的矛盾。而且他始终也没能解决这个矛盾。但他企图摆脱这个矛盾，说，当人死之际，其气终归一定消散，只是不立即消散殆尽，因此，如果祭祀的话，则（先祖）感格。可这什么也没解决明白。因为这只不过是时间问题。几百年、几千年之后，祖先的最后的气，也就消散殆尽了吧。儒教允许那时候的人可以不尽孝吗?

关于气的朱子的理论的确存在矛盾，且如果就一个个细节来看，也许未必是朱子的独创。至少其大纲，远为汉以来的宇宙论的传统，近是继承张横渠的气的哲学，不外乎集其大成的东西。但是，如此精彩地建立体系，这在中国思想史上的确是空前的壮举。现今的思想史学界，把张横渠的气的哲学赞扬为中国唯物论哲学的最高峰，但就历史事实看，横渠的气的学说，几乎完全被吸收到朱子的体系（所谓客观唯心论）之中。它再次作为张横渠的体系被提起，必须期待五百年后王船山的出现。

理是什么

若依照朱子，只要存在的一切东西，如上所述，根据气就能够说明。但是，一切存在着的物，不仅是存在的，而是应当存在那样的存在。使这个应当存在那样的存在［能］存在的东西，它就是理。"天下之物，则必各有所以然之故，与其所当然之则，所谓理也。"（《大学或问》），除使应当存在那样的存在［能］存在的"当然之则"外，理还具有"所以然之故"即根据这样的意思。若总体性地说，就是宇宙、万物的根据，是使宇宙像应当存在那样存在的原理；若具体地说，使具体物作为具体物的原理，那就是理。如把前者之场合的理作为"天地万物之理的总和"而称之为"太极"的话，则把后者之场合即"一物有一物之理"的理叫作"性"，《中庸》所谓"天命之谓性"的"性"。但是，存在于个体中的理，不是别的，其实就是这个"太极"本身。"合而言之，万物之统体为一太极；分而言之（万物）各有一太极"。（朱子《太极图解说》）

理同气的关系

如同已述，天地万物总而言之是气，那么，气同理哪一方面在先呢，或者［谁］是根本性的一方呢？若根据朱子，则以为"理和气，不能说谁先谁后"，理未必不预料气，若没有物或者气，则理"无挂搭处"。如果像这样看，气的这一方，能视为根源的［一方］。事实上，在以后明代，著名的利玛窦来到中国，著《天主实义》二卷（一六〇三年），将儒教和佛教、道教一起批判时，论述：太极（理）不会是"物之原"的所以，［因为］它与那个东西有"依赖"这一点，即没有气不可能有理这一点冲突。可是，朱子更加同时、执拗地修正之，说"未有天地之先，毕竟是先有此理"，有时甚至说"有是理而后产生是气"。这果真意味什么呢？

朱子将《易经》的形而上的东西叫作"道"，形而下的东西叫作"器"这样的语言视为论说理和气的话。朱子极其严密地思索所谓"形而上"，认为它绝对不是物质的东西，是超感觉的东西，与存在是不同次元的东西。理是"无声无臭"，即根据感觉不能把握；无"方所"，即没有那个应该作为位置的空间的场所；而且，无"造作"，即不发挥什么样的作用。以为相对于"阴阳"而一次元的"所以阴阳"才是道这一伊川的立场，成为朱子之思辨的根本。即理不是气的理，而是相对气的理。这与作为对朱子学激烈地反对者的王阳明有时宁可解释气之理对比（一一〇页），是非常大的特征。总之，理不可能是与气和物相同意义上的有，如果就那个意义［而言］，它是无。只是，非单纯的无的情况还是明显的。万物的根据，到底必须是"有"，必须是作为存在的有之上的卓越的有。朱子主张，周濂溪的"无极而太极"，确实是无而有、有而无的意思。"太极"是理，是作为理而有（在周濂溪那里大概是气）。但是，为了表示它作为存在是"无"这个意思，而特意附加"无极"这样的语言。安田二郎氏这样规定：朱子的理作为存在是无，作为意义是有。即理如果用存在这样的概念说的话，就像除意义性的存在无法表达那样，是那样的［意义］存在。这样，与存在非连续的，或者与存在不同次元的、超越的"理"之学说，以明确的逻辑被体系性的创立，这件事应该说是儒教史上未曾有的事件。

但是，朱子在有的地方，说"理"寄存于心脏之中的空处。

> 一切物都有心（心脏）。心内部必定虚。如果切开鸡的心脏、猪的心脏看就明白。人的场合也同样。心之虚处就是伦比天地、赅括古今处，包藏着许多道理。

就是说，朱子一方面极其逻辑性地追究理的非物质性、非物体性，将它体系化；另一方面大概依据当时的医学常识，好像亦考虑它是什么样的实体性的［存在］。如果根据中国的医学，则说发狂或者［神经］错乱，起因于痰堵塞了心脏的空处，完全夺了理的场所。所谓思维里首尾一贯的抽象，总而言之，恐怕也可以说是历史的产物。

理和名教

朱子的存在论，总而言之是理气二元论。仅仅以气说明存在界不是不可能，而且，即便说和"气"一起"理"同时被思考，但那个理本来全然不具有创造出什么的力量，只不过是说"气"之存在处"理"也一定存在。但是，因为将存在不看作仅仅是存在，则对于天高就是天尊、地低就是地卑这样的思索的心理倾向来说，与"气"不同的"理"就非常被看重，就像说"理生气"那样，几乎具有进展到理一元论的倾向。作为朱子的意图，坚持理始终是非物质的、非实体的东西这样的原则，但如果去强调那不是气之理而是相对于气的理这样的观点，则"理"容易变成和"气"对等［意义］里的存在性的、实体性的东西，"理"之超越的契机就变薄，物的、实体的性质就变浓。"理"与作为所谓"名教"的既成道德合并，就成为像清代的戴震（戴东原）所说的那样，"人死于法，尚有怜之，死于理的时候，其谁怜之"这样残酷的、非人性的东西。[8]

理这一文字的历史

理这一文字，据说本来意味玉的表面之条理，但在古典里毋庸说以政治性的意义"治"这样的意思使用的例子居多。在儒教经典里，除了《易经》《礼记》《孟子》和《荀子》等，宋学式的道义、原理等意思上使用的例子不多。其后，三国时代的所谓"玄学"哲学家，王弼和郭象等使用了"必然之理""所以然之理"的单词，而所谓体系性的［使用］则难说。以后，佛教传入，理这一单词被佛教哲学家们广泛使用，终于达到了华严［宗］的"理事"这一相关范畴的确立。因此，按照惯例出现了宋学的"理"是从佛教盗窃的这一说法，但此说未必说对了。回顾周濂溪以来的道学的历史，特别是伊川的"阴阳"和"所以阴阳"这样的观点时，即便不将此理之学说视为从诸如华严的"理事"学说盗窃来的思想，索性把它视为宋学自然发展过程中，当然地摸索到的思想，则毋宁说是自然的。仅仅探讨所谓思想史的文献的时候，也许会那样认为，因为本来就无可怀疑：理这一单词作为不是文言文的日常口语是极普遍的语言（例如，争吵时说的"岂有此理"、有那样的道理吗？等等）。

伦理学的原理　性即理

在朱子学里，最当作重心的是伦理学或人学的部分，存在论简言之只不过是它的基础。朱子的伦理学或人学的原理，是伊川的所谓"性即理"。所谓性，是张横渠精彩的、定型化的"心是性与情的统一体"（"心统性情"）的性。总而言之，无非是说存在于个别存在中的理。关于性存在着"本然之性""气质之性"的对立，人的伦理的课题是从"气质之性"复归到"本然之性"，即在于"复初"，简言之可以说是"变化气质""克己复礼"（《论语》），这些已经叙述过。现在若再说明这一点的话，则恐怕就得谈如下那样的问题。

性就内容上说，不外乎仁、义、礼、智、信这五常，但这个性是未发、是静、是体。所谓"未发"是根据《中庸》的语言，也称为"未发之中"，指获得了喜怒哀乐（即情）尚未发动以前的绝对的"静"、中正的本质状态。它作为用，就变成"已发"，一旦发动，情就出现了。现在，为了方便，如果把宋学—朱子学特有的这些诸概念归纳于体用这对范畴之下来表示，就成为如下式：

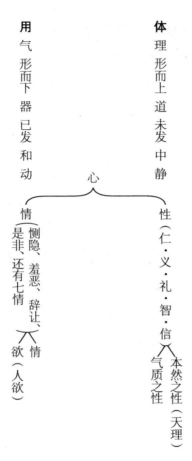

朱子学的诸概念

其场合，朱子的特征是不轻率地解释体用一致，经常首先极力主张两者的区别。并且，"情"本身未必是恶的东西，比如，像《孟子·公孙丑上》的四端，就是那样。宛如所说，恻隐之心是仁之端，羞恶之心是义之端，辞让之心是礼之端，是非之心是智之端，这四个情对应各自性的内容，成为性的标志，绝不是恶的东西。但是，因为是已发、是动，所以具有往往丧失中正而流向恶的倾向。就是说，"情"动而成为过度时，这就是"欲"，即是恶的。若反过来说，如果一切都是得中的状态，这就是善的。离开"中"而陷入"过"或者"不及"（即负的过度）的状态，就是恶的。我们如果说到朱子学，立刻预想到严重的道德主义，跟着预料对恶的激烈地憎恶克服的意志。而且，那个时候决不会搞错。但是，朱子学的恶的理论，像这样，可以说是简单的。他说，所谓性，是对于水澄的状态而称谓；所谓情，是对水流着的状态的称谓；所谓欲，是对于水波泛滥着的状态。我们了解，即便在这里也精彩地贯穿着性善说。这一点，即便在大乘佛教，恶的根据（无明）也未必是明白的。《大乘起信论》里有"忽然念起，名为无明"这样的名句，但在朱子学里，并不是那样程度的不同。

天理与人欲之战

不用说，维持无过、无不及的中的状态，绝不是容易的事。道德主义这个东西，是以紧张状态紧紧抓住人，但一旦以紧张状态掌握人，则"只有所向，便是欲"，意念只要志向什么就已经被视为欲（《近思录》五、程伊川之说）。人或人心变为"天理、人欲交战"的战场。恶不是相对于任何"善"的原理性的对立者，只不过是"过、不及"罢了。这样的观点，一点也不妨碍把这样的善恶之对立变为天理人欲二者择一的对立。前面叙述过的克服"气质之性"而复归"本然之性"即"变化气质"这样思想，简言之，无非是灭人欲复天理（即成为圣人）。在这里，将一念之动亦作为人欲而企图压抑之的严肃主义就产生了。特别重要的是，一切儒教的习俗道德，所谓礼，被视为理之表现的可能性来展开。

礼作为五常之一，构成理（性）的内容。但是，它不仅仅是原理，亦是现实的习俗。自古就有"礼，理也"这样著名的训诂。朱子的理之学说，包含了同这样的既成道德调和的可能性。在那里，那个严肃主义就变成了严酷无比的东西。程伊川所谓的"饿死事极小，失节事极大"，就是那样的。本来，理作为始终与物的东西不同次元的"原理"，应该成为不久当实现的行为的指针，当然，即便对于既成的道德，也应该成为对它的批判原理。而且，不应该忽视的是，即便在那个方向也起到过巨大的作用。在朱子学里，士大夫真正具有自己的伦理学。但实际上也不能否定只是作用于既成的东西之合理化这一方向。不然的话，就变成了原则的东西的实体化固执。在这里，所谓"道学先生"这样的称法就产生了。"道学先生"这样的称法，包含二类内容。一是说残酷。这方面的例子恐怕没有特别提起之必要。再就是迂愚。这是稍后的传说：宋王朝将要灭亡之时，拥护八岁的小天子而被追到广东省海上的宰相陆秀夫，天天向小天子讲《大学》，说治国平天下之事，始于修身，以鼓舞天子，如这般就属迂愚。

一九一一年，数千年的王朝体制崩溃，重新成立"中华民国"，在思想上、文学上、道德上，全举起革命的火把时，朱子的名教被作为"吃人的礼教"而被诅咒。（鲁迅《狂人日记》）

孝

朱子学的"名教"之中，在我国最成为问题的是所谓君臣道德，而在中国恐怕是家族道德吧。民国"五四"时期的所谓反礼教（反名教）斗争的最大攻击目标，是君臣、父子、夫妇、兄弟、朋友这五伦之中的父子道德，即把广义上说的家族道德作为核心的道德（参照巴金的小说《家》）。这个家族关系的优势，即便在民国以前，即王朝体制下，也是同样的。[这] 有经常被谈到的事 [为证]：应该说是中国的"教育敕语"的明之"六谕"、清之"圣谕"，都把孝作为第一条，而相当于"忠"的项目终究未能发现。即便说是家族道德，而中国独特的大家族制度，在内部也不得不自然而然地加强人为的限制要素。其结果，就是朱子学的五伦学说将其习俗神圣化。毋庸说，"父子有亲"，家族道德的基础本来应当是自然的亲爱之情，这是朱子所极力主张的。但是，不能否定，"天下无不是的父母"（程伊川的再传弟子罗从彦的话），关于"父子"伦理，只是形式上的上下关系、只是作为下级者之规范的恭顺之"孝"被强调。"父子天合"，把其作为决定性的关系。但是，现在想莫如提出所谓的君臣道德这方面［来讨论］，这是因为，在我国自德川时代以来，一说到朱子学，则几乎被认为是"大义名分"思想的同义词。

君臣之义

德川时代的封建的君臣关系，据说在观念形态上是通过朱子学被维持、被强化。但是，在我国被视为朱子学的君臣道德或者臣下的道德的东西，比如"君虽不君，臣不可以不臣""忠臣不仕二君"式的看法，不能认为是朱子本来的见解、朱子学本来的理论。像在二十二页里指出的那样，"父子天合，君臣义合"，是儒教的基本定理，朱子学也不例外。这一点，通过后藤俊瑞博士编的《四书集注索引》等就能够枚举地、清楚地查明。"义不合时则去"，就是为臣之道。通过与吉田松阴的著名的解释对比，这一点恐怕会弄得更清楚。

> 孔孟离开故乡而事奉他国，非对得起［故乡］的事。大凡君与父，其义是相同的。我视君为愚为昏，离开故乡往他处求君，就等于我以父为顽固而离家而把邻居的老翁作为父亲。孔孟丧失此义，无论如何也不能够辩护。——汉土的臣，就好比［与其主有］半年关系的奴婢，选择其主的善恶而转移，固其所也。我邦之臣，如果是世代相传的臣子，则与主人同生死共休戚，虽至死也没有弃主而去之道。（《讲孟余话》序说之条）

关于这段文章，想添加两点评论：一，毋庸说，君父并称，因为是儒教的陈词滥调，故在朱子那里，也屡屡可见，但是，那既不是提倡作为下级者的态度、心情的恭顺，也不是宣传道理。相似的情况是，虽然在《孟子集注》等经过反复推敲而成的堂堂正正的文章里，勇敢地拥护作为理论的革命说，但在作为内部谈话录《语类》的有关条目里，却几乎没发现议论[革命]。这可以推测、判断为好像有意地回避问题。

革命之说

作为评论的第二点，想指出：与松阴相同的议论，即便在宋代也不是没有。否，不但有，而且来自大义名分论的《孟子》抨击，毋宁是北宋初、中期，即与宋学勃兴同一时期的士大夫[兴起]的有力的一个潮流。李觏的《常语》、司马光的《疑孟》，晁说之的《诋孟》，郑厚的《芸圃折衷》，等等。但是，朱子对那样的风潮，敢于明确地表明自己的态度。李觏非难孟子的肯定革命，斥责他成为视周室（周王朝）之存如不存那个"忍人"（忍是残忍）。对此，朱子说，问题在于作为根本的道，或者在于保持、传播道的圣贤之心，而作为道之表现的这时或那时的行动（时措），则没有必要划一。说起来，如果不知孟子所传的东西的是什么，则黑白颠倒之论的出现，也就不足为怪。

> 孔子尊周王朝，与孟子不尊周，如同冬着裘夏着葛，饥而食，渴而饮，只不过是说仅适时而措置的妥当性不一样。

或许可以说，当时，周的显王，并非有特别提及的恶行，只不过是势力微弱而已，可是孟子不肯跟随周王朝，鼓动齐[国]革命，使自己成为佐命之元勋的野心，[难道]不明白吗？这恐怕是朱子的回答吧。

> 周因为失道，故渐渐变得微弱，濒临灭亡。至显王时，天下不知有周室。大概很早以前，人心背而天命改变。此时，假如王者出现，

则无须乎灭周，天下也必然定于一。圣人之心同于天，无适（偏爱）无莫（偏憎）（《论语·里仁》），岂拳拳于衰败得已经到了命脉尽头的周，而使人民无望地蒙其祸乎。《书经》里有云"天之聪明根据民之聪明，天之明威根据民之明威。敬之吧！有土者啊！"这的确不外乎圣人之心那个东西。（《朱子文集》七三）

义不合则去

但是，将"义不合则去"的"去"解为：只意味着从可以说是公式性的君臣关系，否，直截了当地说，从官僚体系脱离；可即便离去后待在家里，所谓"一饭思君恩"（杜甫）似的忠诚仍被赋予规范［作用］。这样解法也不是未被考虑，但它大概只不过是从日本式的君臣道德类推的吧。不仅是朱子学，思考旧中国君臣关系时，臣这个单词，不用说最容易明白的场合常常是这样解：被置于最高的长官（国家元首）的关系下评价的官僚。所谓臣，就是由于禄仕而成为那样［处境］、由于致仕而从那样［处境］脱离的身份。只是那时，其与君的关系被极端地理解为道义性的关系。其道义的这样的［说法］里，屡屡有相互矛盾的这样两个意思：一，指（作为下级者的）上下道德即服从的道德，此外，二，指"义合"，即"道"的实践。见于朱子的《四书集注》的有关君臣关系的注释，作为理论，几乎无例外的以"义合"之线来贯穿。服部宇之吉博士在《孔子及孔子教》（二一九页）里说：

后世的中国学者，［认为］君子之出仕是为了实行自己的道，故道不行则断其君臣之关系——宋之学者，竭力论述大义名分，然在君臣之义上尚有误解孔子之旨的地方。大概在中华民族的思想里，孔子所说明的君臣之义并不充分彻底，在这一点上，我邦的君臣之道，确实发现与孔子之说相一致。

我认为这不用说是正确的理解。这些事情，同已经指出的士大夫的二重原理（二十二页）这样的思想也有关系，不应该从日本的朱子学直线的类推。

学问的方法　敬与格物致知

宋学的学问之方法，简而言之是成为圣人的方法，就是说为了存天理、去人欲的方法。那个方法包括两种：像在程伊川那里已经叙述的那样，一是居敬，二是穷理即格物致知。如果用《中庸》的语言讲，就是"尊德性"即尊崇德性与"道问学"即依靠学问，就是说修养道德性和进行知性的学问研究，也可以说是主观的方法和客观的方法。

关于居敬，如同在程伊川那里所说明的，所谓"敬"，就是主一；所谓"一"，就是无适，即将心连续地保持在集中专一的状态，不外乎"收敛"身心而守"本然之性"。朱子将这个敬称为"圣学之所以为始、为终者"，认为从格物致知到治国平天下，一切无不是由敬所保证，极度地强调它对那个学问的重要性（《大学或问》），但陆象山、王阳明，对"敬"这个概念以及实践不太看重。否，毋宁说故意地极端轻视之。这一点，有必要注意。陆象山、特别是王阳明的场合，道德的原理，如果以"天理·人欲论"来说，不是"去人欲"这样消极的东西，而是"存天理"这样积极的东西；不是"收敛"而是"扩充"（孟子的话）。如果借用伊藤仁斋的话语，就是要么"恶不仁"要么"好仁"之不同。

方法的第二种是穷理。所谓"穷理"，如果用《大学》的语言来说，就称为"格物致知"。关于怎样理解此"格物"二字这一点，自古以来，其实有许多异说，其数据说达到七十二种。朱子将这个格读为"到（至）"，把物读为"事"，以为所谓"格物"，就是至于事。但是，所说的"物"就是

"事"，是说把物的意思扩展到事来解释，而不是说排他性的解释为与物对立场合的事的意思。总而言之，格物致知，"欲诚其意者，先致其知，致知在格物"的格物致知的意思，无非是企图把事物之理查究至其究极处。而且，简洁地总结其理论者，是著名的朱子的"格物补传"。

朱子的 《格物补传》

朱子特别挑出《礼记》的《大学》篇作为单行本，与《论语》《孟子》及也是特别从《礼记》中挑出的《中庸》合并为"四书"，并各个撰写了著名的注释。这样，相对于唐以前的"五经"为中心的儒教，宋以后的儒教就被称为"四书"为中心的儒教。以后，"四书"对中国人的教养、思想，成为占据压倒的比重。其场合，他对《大学》，既特别严格考证原文（本文考证）（这是继承程氏的考证），又将《大学》全体，分为"经"一章和作为对它的注释部分的"传"十章。而且，认为其传的第五章，即解释经的"格物致知"部分，已经散佚丢失，自己重新起稿补之。这就是"关于格物的朱子的补传"，即"格物补传"。在内容上，它也蹈袭了伊川。

077

所谓"致知在格物"，就是这样的意思：若想致（完成）吾之知，就必须即物（＝事·物，以下同）查究那个（物的）理。这所说的是，人的心是灵（妙）的，莫不具有知（认识作用）；另一方，天下的物，莫不具有理。只是因为理之究法有不充分之点，故知也有不完全的地方。因此，做学问者，即天下所有的物，将既知之理作为线索愈发查究下去，终于努力进展到极致。这说的是《大学》之教的第一课。长期努力之中，一旦豁然而贯通之时，则事事物物之表里、精粗，就全都被把握，吾心之全体（本来完全的本质）、大用（伟大的作用）都变明。这就是"物格""知之致"的意思。

就是说，理既是内在于人的理，又是外在于人的天地万物之理。人的理，人事之理，和大自然之理，是连续着的，道德知与知识知未分地被接合。否，事事物物之理也是道德知的对象，作为那样的东西是客观的。所谓"学者要模仿天地之气象"，归根到底含蓄理之客观性这样的意思。要成为所谓圣人，简言之就是要成为像理那样性质的人，为此，既要内省，又要至事事物物而去查究事事物物之理，就是说，要求内在之理和外在之理的合一。

> 大学之始教，必使学者即凡天下之物，莫不因其已知之理，而益穷之，以求至乎其至极，至于用力之久，而一旦豁然贯通……

而且，恐怕到达超越了仅仅枚举性的知识的究竟的知识（毋庸说是非凡的道德知）吧。

读书人的哲学

在这里必须特别注意这一点：为了格物穷理，最好的手段是读书，即阅读、研究儒学的经典。为什么？因为事物的理由于圣人已经被准确无误地把握，记载于经典里。朱子学到底是读书人的哲学。毋庸说虽然从那个道德主义的立场来看，仅仅博学作为"玩物丧志"而被排斥，但是简言之，能"君子多识前言往行，以蓄其德"，却始终是那个基本。而且，这样的观点（这个格物致知这样的朱子学的态度，在清朝末年欧洲的思想传入的时候，成为吸取其自然科学的积极性的口号）颇值得怀疑。日本的场合，也许有那样的事情，但中国的场合，格物致知作为口号，驱使朱子学趋向于自然科学研究、技术学研究，如同我国的佐久间象山那样的例子，我认为是非常少的。

但是，朱子学的特征，例如若对照陆象山的学问来说，则显著地带有主知主义的倾向，这是不能否定的。普通［看法］，相对于作为陆象山之学特征的德性主义，把朱子的学问视为知识主义，的确恰当。而且，现今的中国学术界，把朱子的哲学视为客观唯心主义，未必没说对，因为朱子承认一事一物内的理之客观性的实在。只是，如果认为朱子那里没有德性主义，这就是明显地误解。因为朱子学里有"居敬"这样另外一个大支柱。总而言之，由这个"格物致知"出发而"诚其意、正其心、修其身、齐其家、治其国"，终于"平天下"，就是说，从自己的"明明德"开始，然后"明明德于天下"，使天下之人觉醒自己的德性，即"作新民"（《大学》）；或者，若进一步立于形而上学的观点，则"致中和"，于是引起"天地位、万物育"（《中庸》）的状况，这无非是学问的全过程。

二、朱子的论敌——陆象山

陆象山的出现

作为朱子的论敌而著名的陆象山（1139—1192），名九渊，江西省金溪人，与朱子完全同时代，只是小朱子九岁，而且比朱子早死八年。其第四兄、第五兄，都是著名的学者，合称为三陆。其家族据说几个世代和睦地同居了二百年，其人数达到百人，是作为所谓义门而被朝廷表彰的家族。三十四岁考中进士，以后任福建的地方官、首都临安的太学的教官，然后为惯例的奉祠之官，逝世前一年，成为湖北省荆门的知事。翌年死于任地。少年时代，愤慨面对金的国耻，剪掉作为士大夫之特殊风俗的长得很长的指甲而学弓马。这是著名的逸闻。

因为我家是一族聚集而生活，故有年青者三年轮流担任仓库的管理人的惯例。我也担任过其职。由于那件事，学问非常进步。这才是《论语》里说的"执事而敬"。

而且，这就是象山的所谓"在人情、事势、物理上做功夫"。后来明代的王明阳也提倡与其读书，倒不如"事上磨炼"。

陆象山思想上的觉悟，被视为他十三岁时。十三岁的时候，他读古书，碰到"宇宙"这两个字，在其注里读到所谓四方上下谓宇、古往今来谓宙，而领悟了"的确是无穷的，人和天地万物，都在这无穷之中"，并记下"宇宙内事乃己分内事，己分内事乃宇宙内事"。并且，下面的话也被视为这个时候说的。

> 宇宙便是吾心，吾心即是宇宙。东海有圣人出焉，此心同也，此理同也。西海有圣人出焉，此心同也，此理同也。南海北海有圣人出焉，此心同也，此理同也。千百世之上至千百世之下，有圣人出焉，此心此理，亦莫不同也。

象山思想之特征，在于屡屡采用"宇宙"二字。例如"道塞宇宙""此理充塞乎宇宙""塞宇宙一理耳""此心充塞宇宙"，或者"宇宙不曾限隔人，人自限隔宇宙"等等。这样的场合，恐怕仍有必要特别注意诸如理塞宇宙、心塞天地［句中］的该"塞"字的使用。陆象山的立场，可以说在这里已经明显地暴露。毋庸说，他的思想这之后随着年龄的增长而加深，但根本的立场，并没有从这个"宇宙"立场的延长线上脱落。

天理—心即理

但是，如果以一句话来表示陆象山的思想，这就是"心即理"。就是说，他将如以朱子的立场说应该被分析为"性"与"情"的"心"，始终作为无分析的浑然的一者来把握，以为它就是一如原样的理。陆象山屡屡引用孟子的"先立乎其大者"（《告子上》）这样的话语，要求将全部关心集中在于人为最"大"者的"心"上。

> 心即一个心，理即一个理。至当归一，精义无二。此心与此理，实不许有二，孔子说"吾道一以贯之"，孟子说"道，一而已"，就是这个意思。

像这样的"心即理"之说，就系谱上讲，与其说来自伊川，莫如说发源于明道，这已经被广泛地承认。最初提出天理之说的是明道，那个是"善恶皆天理"。不久，这个天理大概向两个方向分歧，一个不用说是伊川—朱子的"性即理"；另一个是陆象山的"心即理"。不过，在明道和陆象山之间能够考虑几个中间项。特别想提出的是谢上蔡。谢上蔡作为展开明道的"万物一体之仁"说的人已经叙述了，但他的下面那样的话语，应该说已经明显地指示着"心即理"的方向。

> 学问者，必须穷理。物物皆有理，穷理才能知天之所为。若知天之所为，则与天合一。若与天合一，往而无不有理。所谓穷理，是求妥当。我有时不能穷理，知真我者的确少。什么是我呢？理就是我。（在别的条目里有云：天是理人也是理。若顺从理，则与天合一；若与天合一，则我已非我，理也；理已非理，天也）穷理之极致，自然"不勉而中，不思而得，从容而中道"吧。问：理是就一物一物去穷乎？答：一定要穷其大者。理一而已。若在一处能穷理，则触处皆通。这样，恕（忠恕之恕）才应该是穷理的基础（《上蔡语录》中）。

理才是我这一主张，与理若在一处被穷则触处皆通这一断定，这里有明道的天理之说应该达到的一个成果。此外，从明道到陆象山的中间，也有王蘋（字信伯），他说：

> 尧、舜、禹、汤、文、武之道相传，如合符节。不在于能传圣人之道，能传其心也。不在于能传圣人之心，能传己之心也。己之心同圣人之心无异，万善皆备。故欲传尧舜以来的道，就只扩充自己的这个心。（《宋元学案》二九）

类似王蘋的人还有，但现在省略［不论］。总而言之，相对于朱子继承伊川的系统，陆象山是属于明道系统的思想家，［对此］只要理解、接受就行。

天理·人欲说的否定

像明道说"善恶皆天理"一样，象山也从正面否定天理人欲之说。天理人欲之说决不能是至论。如果天是理、人是欲，就变成天与人不同。天理人欲之说出自《礼记·乐记》篇的"人生而静，天之性也；感于物而动，性之欲也……不能反躬，天理灭矣"，但这个《乐记》之说，是根据老子的说法，不是儒教的学说。而且，既然专把静说成性，那么，动不是性吗？又，《书经》里说："人心惟危、道心惟微，惟精惟一，允执厥中"，这应该说是［反映］宋学的主题的著名的话语。朱子将这理解为：人心是人欲（之混杂的心）、道心是天理（照原样的心），但［他认为］其说不正确。"心为一、人焉有二心"。基于这样的立场，实践的原理就是自觉"本心"，不外乎"先立乎其大者"（皆孟子语）。毋庸说，因为陆象山的学问也是伦理学性的，故恶之克服这一点也不应该不考虑。但是，在他那里，所谓恶，归根结底，无非是：尽管明明白白的理如此存在于眼前，却自我蒙蔽了它。

我们如果自觉自己"与天地同量"，自觉自己是堂堂的一个人，则任何的恶也不足以恐惧。当时有人嘲笑象山"除先立其大者这一句以外，什么也不足取"。对此，象山宁可喜之而肯定之。从象山的这样的立场，导致那个名声很臭的"六经皆我心之注脚"这样的论断，恐怕是自然的趋势吧。"六经注我，我注六经"（以上都引自《全集》三四）这样的话语，不是主张六经不必要，这是明白的。但是，这些话语，在儒教体制之中，对于士大夫读书人来说，应孕育着恐惧的危险，不久在明代的阳明学派那里现实化。

083

陆象山和朱子的争论

象山的"心即理"的主张，是中国的学者所谓的"主观唯心主义"的典型的主张。最后，我想推敲其主观唯心论内的"道"的概念。象山和朱子的论争，著名的是"鹅湖之会"，除像这样直接会面的讨论之外，也通过书信论争。其中最著名的，并且在哲学史上最有意义的，是围绕周濂溪的《太极图说》的论争。这个论争，是象山继续他哥哥同朱子的论争而展开的。总而言之，是否定《太极图说》最初五个字"无极而太极"中的"无极"这一术语的陆象山，同认为它有非常深刻的意思、竭力主张其不可缺少之理由的朱子的论争。

象山说，濂溪的另外的著作《通书》里，虽然有"太极"这样的文字，但"无极"这样的文字一次也没有发现。《易经》里虽然有"太极"或者"有太极"这样的语言，但"无极"或者"无太极"之语全然没有。但是，另一方面，在道家之书《老子》里，却有"无极"二字，并且有"无，名天地之始；有，名万物之母"（或者，"无名，天地之始；有名，万物之母"）这样著名的语言。何况也有濂溪从道士继承了太极图这样的有力的证词。《太极图说》大概不是周濂溪撰写的，即便假定是其作，也一定是其学问完成以前的东西。

> 此理乃宇宙所固有，岂可言无？若以为无，则君不君、臣不臣、父不父、子不子矣。

这是象山的主张。

作为历史性的解释，我认为此说大概是正确的。就是说，周濂溪的《太极图说》的最初五个字，包含某种道家性质的思想；而周濂溪本人是否道家，则作为另外问题，这几乎是无可置疑吧。与此相反，朱子的解释，作为《太极图说》本身的解释，不免很强辩。但如果暂且离开像这样的考证的兴趣而体察这个论争，那么从中的确可以看出津津有味的对比。

阴阳是道还是所以阴阳是道？

朱子说，如果不使用"无极"这样的表达，"太极"就完全变成了"物"，而丧失作为万化的根本，即一切物（在朱子那里，"物"包含"事"）之根源的资格。反之，如果不使用"太极"这样的表达，"无极"就堕于只是空虚的"无"，仍然不可能成为万化之根本。所谓无极，是形之无的意思；所谓太极，是作为理之有的意思。周濂溪先生因为担心学者把"太极"误解为什么"物"似的东西，所以特意通过增添"无极"这两个字以明白地指出这一点。

对此，象山以《易经·系辞传》的"形而上者谓之道"以及"一阴一阳之谓道"的二段文章为根据而主张：既然已经说一阴一阳是形而上，则太极当然也是形而上，从《易》的《系辞传》出现迄今，将"太极"误解为"什么物似的东西"的人还没有听说过。对此，朱子的回答是：像以前已述的那样，阴阳不是道，所以阴阳才是道。道与阴阳，次元不同。太极·理·道，只是各自以不同的观点来说，归根结底，只不过是指相同东西的言辞，它是：

> 在无物之前，而未尝不立于有物之后；在阴阳之外，而未尝不行于阴阳之中；贯通全体而无不在，且又无声、臭、影、响之应言。

象山激烈攻击这一说法，说：

至于主张阴阳是形而下之器而不能有道的贵说，绝对不能听从。"易之为道，一阴一阳而已"。（《易经》）前后、始终、动静、晦明、上下、进退、往来、阖辟、消长、尊卑、贵贱、表里、隐显、向背、顺逆、存亡、得丧、出入、行藏，哪一个不是一阴一阳呢？奇同耦互求、无限地变化，因此说"其为道也屡迁、变动不居"……而且，"昔者，圣人之作易也，将以顺性命之理。是以立天之道，曰阴曰阳；立地之道，曰柔曰刚；立人之道，曰仁曰义。"但现在贵说以为阴阳不是道，只不过是形而下之器。错误区分形而下、形而上，是足下还是我，果真是哪一位呢？

浑一的道的概念

就是说，陆象山绝对地拒绝朱子似的与阴阳不同次元的道（理）这样的概念。这个场合，象山所说的阴阳，和朱子说的阴阳，没有什么应该区别之处。阴阳即便在象山那里，也是指阴阳二气，即气，简言之，是构成万物的物质性的原理。对我们来说，稍有难理解之点。但这个阴阳，否，这个阴阳之运动，直接就是形而上的"道"这一象山的主张，溯本求源，同时又是横渠和明道，大概还有濂溪的主张。

陆象山的哲学里，像朱子那里具有的存在论、伦理学、注释学三者之中，注释学毋庸说，存在论也完全缺乏。但是，这只是说它未被摆在关心之中心而已，若一旦将关心投向存在论方面，他还是以气之存在始终是第一性的观点作为前提。其所谓"形而上"，是指他始终不承认道（理）对阴阳（气）的分离。在中国，这大概是传统的观点。

像这样的阴阳＝道这一浑然的道的概念，归根到底，作为当然的趋势，就不能不归结为这样的［结论］：道是阴阳之道，若用别的语言讲，则理是"气之理"（王阳明）。而且，将这个理断定为气之理，即承认气是第一性，这应该是所谓唯物论（例如像张横渠—王船山那样）的。但是，在这里，唯心论中的唯心论、主观唯心论的陆象山的"心学"的根本的立场，与其是同样的吧。这的确不能不说是奇妙的事实。

朱子和陆象山的对比

像前面说过的那样，朱子和陆子，是完全的同时代人，一方坚持创立"性即理"说，另一方创立"心即理"说，针锋相对，但同时相互敬重对方。

早在一一七五年，因共同的友人吕东莱（名祖谦）的斡旋，在江西的鹅湖寺，他同朱子举行了讨论会，结果没达到意见的一致。这就是哲学史上著名的"鹅湖之会"。一一八一年，被朱子复兴、讲学的白鹿洞书院（宋初的四大书院之一）招聘，以"君子喻于义，小人喻于利"（《论语》）演讲题目讲演，听讲的人中，据说甚至有人深受感动而流泪。

关于这次演讲，想注意的是，"小人喻于利"中的那个"利"的内容，始终是专指科举之害。我以前说宋学的主体是士大夫，所谓士大夫，简言之就是读书人，在最现实的［意义上］可以像这样定义：预想通过科举而成为官僚这样的阶级。但是，应该注意的是，在作为那个士大夫之学的宋学里，不屑于科举的态度从最初起就是固有的。若阅读宋以后之著名的学者、思想家的传记，［会发现］将"我不事举业"这样的话作为赞美的话而特书的例子很多，这就是那个态度［的表现］。即便在那样的场合，事实上，大都参加科举进入官界，只是在其意识的深处，把科举作为功利主义的象征，对它警惕的情绪，至少原则上是存在的。在这里，我们能看到士大夫这个存在的极其特殊的性格吧。前面指出的士大夫意识形态之可谓一身两役的性质，与这一点也不无关系。

虽然互相尊重，但不承认对方的学说，象山把朱子非难为"支离"，朱

087

子将象山非难为"狂禅",激烈地对立。朱子学和陆学的对比,是中国哲学史上最著名的话题之一,除"性即理"对"心即理"之外,朱子是"道问学"即学问中心,陆子是"尊德性"即道德中心;相对朱子是静的、知的、分析的,陆子是动的、实践的、直观的,经常被这样对比。此外,与朱子学比,陆学禅的色彩更浓啦,朱子说"敬"象山不说啦,可以说出种种。总而言之,"性即理"和"心即理"的对立,在这个阶段,尚未达到完全暴露其意义 [的地步],待到以后明代王阳明和他的学派那里才开始明白起来。

第三章

阳明学的创立及展开

一、王阳明的登场

朱子学的普及

朱子的卒年为 1200 年，那个时候，程氏系统的学问或被称为"道学"的朱子学，还未获得作为统治的学问的地位。朱子晚年，发生了"伪学之禁"，道学被称为伪学，也出现了从官界清除道学之学生的事，这就是所谓"庆元党禁"，据说当时宰相赵如愚以下在朝以及在野名士五十九人，被作为伪党登记在册。但是，一到元代（1234 北中国之征服—1367），［朱子学］在南方似乎已经是学术界的主流，更由于许衡（许鲁斋）、刘因（刘静修）二人的［推动］，在北方也传播起来。这里只想介绍许衡和刘因的著名的问答。刘因终身不仕异民族的元朝，许衡则仕奉元朝直至成为大臣。许衡接受朝廷的召命赴北京途中，访问了刘因。刘因问，公只因一次聘请就起，这不是太轻率了吗？许衡答曰：若不如此，则道不行。接着，刘因的召命下了，但刘因固辞不受，当有人问其理由，答曰：若不如此，则道不尊。

总之，延祐元年（1314），元朝再开停止了好几年的科举的时候，以朱子学里特别重视的《四书》作为科举的学科，并且，作为它的注释，决定采用朱子的《四书集注》；关于其他的《五经》，也指定了由朱子或他的弟子所做的新注来代替历来指定的汉唐的旧注释。就是说朱子学在这个时候，已经普及到了科举考试也不得不把它作为科目而采用的程度，反过来，又由于成为科举的科目，朱子学就开始显示出压倒性的权威。

吴康斋和陈白沙

一三六八年以后，取代元朝而进入明代。其最初期间，思想界极缺乏活气，已经是清一色的朱子学，而且为真理已经由于朱子而穷尽、留下来的问题只是实践之这样的空气所控制。丸山真男氏这样指出：朱子学因为是太严密、太完整的体系，故从其学派中难以再出现独创的学者（《日本政治思想史研究》），这个评论不能不认为是贴切的。

明代独自的思想家，第一位大概就是陈白沙（1428—1500）吧。他是江西省朱子学者吴康斋的弟子。这个吴康斋，是上面说过的实践主义的化身似的人物，作为学说，理应看的东西什么也没有。若读现今留着的那个日记，则据说他为雨天因屋漏而无处立身这样程度的贫穷和负债所苦，岂止晴耕雨读，且全然埋头于完全农民式的生活里；他还鼓励弟子们做农事，以农事来解释儒学的道理。另外，他的日记里，屡屡能看到他对照圣贤的语言而悲叹自己之不足，或者在梦里拜谒文王、孔子、朱子这一类的记事。六十七岁时的日记里有这样一条："五月二十五日夜，孔子令孙（子思）来访，说是孔子吩咐的，相互感泣时睡醒，至今犹记忆其容颜。"某学者评论之：因为羡慕圣人和朱子到这种程度，作为当然的结果，那个思想就完全成为古人的奴隶。也许的确能够像那样说，但是，像这样一心一意地敬慕圣人的热诚，难以认为不具有产生什么的力量。真正唤起新学问、新思想的，与其说只是精致的学说，不如说是全心全意的热情。若读陈白沙弟子们写的其师陈白沙的传记，就［可看到］将白沙从吴康斋所得特书为"激励奋发之功"，这以外的事，没有说。

从吴康斋门下返归的陈白沙，日日埋头读书，追究道，尽管废寝忘食，始终无所得。所谓无所得，就是"吾此心与此理怎么也不能够达到一致"［这个意思］。其后，抛弃依靠书籍那样的方法，专靠静坐思索，于是发现了"随处体认天理"这样的学说。但是，关于陈白沙，不想过多叙述。总而言之，他只不过是王阳明的先驱者。

王阳明的幼年时代

王阳明（1472—1528），名守仁，生于浙江省余姚，但主要是居住于该省的绍兴。十岁的时候，因其父在进士考试中夺得头魁而进入官界，他也随之迁居北京。现在想介绍其幼年的二个逸闻，都是《王阳明先生出身靖乱录》这样的佚存书（在中国已亡失，保留于日本的书籍）中的传说。第一个逸闻是：王阳明很不爱学习，好逃塾，把精力花费在士大夫子弟不应有的战争游戏上。阳明后来虽身为文官，但平定多次叛乱，其辉煌的武功被称为明朝第一，他成为这样天才的用兵家，恐怕是伟人自幼不凡吧！

第二个逸闻更恶劣：阳明的生母在阳明十三岁的时候去世，以后其父的妾残酷虐待少年［阳明］。少年于是在街上买了一只长尾林鸮，把它藏在其父之妾的被褥里。另外收买了一个巫婆，同她预先商量好了。其父之妾一钻进被褥，长尾林鸮就飞了出来，一边发出怪声，一边在房屋里到处飞。风俗是厌恶野鸟飞进屋内的，尤其因为长尾林鸮是叫声难听的鸟，更视为不祥的征兆；因为它隐藏在深闺的妇人的被褥中，的确应该视为大怪事。少年阳明说应该问巫婆，巫婆被叫来了，像事先商量好的那样，阳明的生母附体于巫婆，说："由于你虐待我的儿子，我诉诸神，来取你的命。原先的怪鸟就是我的化身。"妾浑身发抖乞求饶命，此后对少年［阳明］变得温和了。

《出身靖乱录》这部书，简言之是小说，但我认为这个插曲未必是虚构的。《靖乱录》就全体看，不太能看到［著者］捏造的事，至少，作为道学先生，阳明被这种破格的插曲纠缠的事，在别处还有例子。这就是像这样的传闻也被传播：很久以后，他已经确立了作为大学者的地位之后，还同

093

一些游手好闲的人在街上的小酒馆里来往。这样的逸闻，别说朱子、陆象山，就是在其他的道学先生中，无论如何都绝对不可能有的。它能作为表明阳明这个人在当时是怎么被理解的插曲。

成为陆军大臣候补

十八岁的时候，访江西的朱子学者娄一斋，"被告诉宋儒的格物之学，被教诲圣人一定学而至"。娄一斋是已述的吴康斋的优秀学生。阳明年谱里记载了这件事，特书"这年，先生开始慕圣学"。他二十八岁考中进士，三十五岁因参加对正显示极大权势的宦官刘瑾的反对运动而被投狱，接着出任遥远的贵州龙场驿的驿丞，就是说被流放。龙场在贵州省的西北，因为是瑶族等少数民族地域的未开化的山区，若说［与他］语言相通者，就都是从内地逃亡来的逃犯。首先，必须靠自己造住宅。又，因为带来的随从全患病，故他亲自劈柴、汲水、熬粥护理随从。作为一个大官僚的贵公子，陷入了难以忍耐的生活中。阳明筑石室，日夜静坐在石室中冥思，拼命地思索：假如圣人遇到这种场合怎么办呢？于是某个深夜，突然大悟："圣人之道，吾性自足，以往于事事物物求理，误也。"这时，阳明三十七岁。

不久，刘瑾被诛，阳明被召回，步着正常的官僚台阶，最后擢至南京兵部尚书（陆军大臣候补）。当时，中国正当所谓嘉靖、万历的文化成熟时代的前夜，中国各地大规模农民起义连续发生，而且发生了皇族的宁王反叛这样未曾有的大事件。阳明接连不断地平定这些叛乱，博得了作为战略家、政治家的极大名声。连他的死，也是因肺结核旧病加剧而病故于广西壮族自治区讨伐叛乱的归途。阳明因镇压这样的叛乱，用现在的话讲，就是镇压农民起义，而又因此被蒋介石捧为讨伐之哲人，故在今日的中国，对他的评价是极坏的。

朱子学遗留的问题

阳明学一般被说成是陆象山学问的复兴、继续，被称为"陆王心学"。的确，阳明的"心即理"立场，非不能说是陆象山的"心即理"的重复吧。但是，像已经叙述的那样，当时是朱子学的时代，他也是从朱子学进入的，就是说，他起先专心致志于朱子学，但在那里行不通，经过拼命地思索，结果突破了难关，这才抓住了"心即理"这样的原理，并不是从开头就是作为陆象山的门徒而出发的。阳明打算以庭前之竹为格物这样著名的传说，在某种意义上讲是可笑的，同时从某种意义上讲，又说明他是何等狂热的朱子之徒。

> 格物必须根据朱子之说，虽不论谁都说，但究竟有实际地试行朱子之说者吗？我就实际地实行过。

为了成为圣人，必须格天下之物。因此首先决定格庭前之竹。友人坚持了三天就患神经衰弱症。因此，阳明自身开始格物，到第七天依然发病，终于互相叹息说圣人是做不得的（《传习录》下）。

阳明行不通的，就是于朱子的"格物致知"说行不通。像已叙述的那样，若依据朱子的"性即理"之说，则理是作为在个人"内"的理的同时，也是作为在事事物物的"外"的理。为了通过格物而完成知，据说不只是穷在"内"的理，也必须穷在"外"的理。乍一看这是非常踏实的方法。虽然能那样看，但果真完全的那样吗？

内和外的斗争史

宋学出现以后的思想史，可以说是"内"同"外"之对立、斗争的历史。不用说宋学的主张是"无内外""合内外"。但是，那实际上是主张以新儒教的"内"替换佛教的，或者道教的"内"。"为学也者，使人求于内也，不求于内而求于外，非圣人之学也"。（程伊川）朱子的格物说，若置于最基本的范畴之下来考虑，也能够说是内外的关系。就是说，在朱子学里，原来宋学所志向的内面主义①尚未充分实现自己的原理，尚处在不能不承认"外"这样的阶段。而使这个内面主义彻底化，把"外"的权威完全夺给"内"的人，是王阳明。"圣人之道，吾性自足，过去于事物求理，误也"。阳明在龙场的这种呼喊，总而言之，是宋以后企图确立自己的霸权而苦战恶斗的"内"的凯歌。这一点，若看阳明在朱子学里［遭遇］挫折，不能满足于朱子学的理由，就会明白。

一、朱子解释格物，主张格（至）天下的事事物物。但是，究竟怎样才可能一个个地"格"天下的事事物物呢？既说一草一木皆有理，则究竟怎样格好呢？而且，即便能格到草木之理，怎样根据它来"诚意"呢？（《传习录》下，二九六）。

二、如果遵从朱子的解释，则内和外（心与物、心与理），简言之就完全成为无关系的且无意义的对立者。［于是如］前条已经指出的，穷一草一木之理这样的事，就与学问的总目的无关系。年谱二十七岁里有以下记载：

　　某日，读朱子的文章，觉察到过去虽很尽力于博学之事，但因未循序正确研究，故未获得什么效果。因此，重新扎实地进行一步一步的研究。但"物理吾心终若判而为二"，（参照九二页的陈白沙的语言）昔之神经病复发，于是灰心，以为圣贤有分，自己等不是那个器，从道士问神仙之术。

_____

　　① 译者注：在日文里，内面这个词有内心、精神、心理等含义。内面主义，当是指以主体人及其生命精神与思想意识为研究对象的理论体系。

三、但是，我认为最根本的不满，大概在下面一点。即朱子的格物说，在结局，不外乎要以"外"补"内"。朱子曾定义"心"说："为主而不为客者"（《文集》六七《观心说》），但作为像那样的最究极者、绝对者的灵明的"内"，通过片段的"外来之见闻"补充之后才可以成为完全的东西，这竟然能够容忍吗？能称为中国最初的哲学史的《明儒学案》，对两者之间的事情有如下阐述：

> 朱子以后，学者（不从良知出发），把知识考虑为"知"，以为备于人心者不过是"明觉"，而因为理是天地万物中共同的东西，所以就变成了这样看法：一定要穷尽天地万物之理以后，吾心之明觉才会与之浑合无间。就是说，即便怎样提倡"无内外"，实际上无非是要完全通过外来的闻见来填补自己的灵明。（《明儒学案》卷十《阳明传》）

阳明所遗憾的，正是这一点。这是否正确地解释了朱子的理论，暂且不论，但阳明像那样看朱子以后的思想史的展开，则不可置疑。

格物致知的新解释与知行合一

简言之，阳明的龙场体验，就是追求"格物致知"而达到了"心即理"，换言之，"格物致知"的意思，据说就是"心即理"。

与朱子将"格"解释为"至"相比，阳明的格物致知的解释，是把"格"解释为"正"。所谓物是事，是意之所在。就是说，我们意识什么时，意就在那个什么，什么就是意之所在。所谓格物，就是格像这样意义的"事"。

> 意念之所在，立即去其不正，以全其（本来的）正，在任何时候、在一切场所，做存天理的事。（《传习录》上，七）

总之，就是正心之不正。那么，所谓"致知"，是什么？致是《论语》的"丧致哀"之致，知不外乎"良知"，绝不是外延的知识的意思。所谓格物致知，据说就是指通过正物，即意之发动，以实现良知。

> 我所说的格物致知，致吾心之良知于事事物物也。吾心之良知，天理也。致吾心之良知之天理于事事物物，则事事物物皆得其理矣。致吾心之良知，"致知也"；事事物物皆得其理，"格物"也。就是说，我的立场不外乎合心与理为一。（《传习录》）

简言之，如果按照王阳明所说，心之本体处的天理，要把它实现在所有场合、所有事物上。就是说，致知不是磨炼知识，而是实现良知这样的意思。阳明学被称为"知行合一"，的确源于这一点。《大学》里把真的知行指点为"如好好色，如恶恶臭"，大体认为见美色属于"知"的范畴，好美色属于"行"的范畴吧。但是，实际上，看见色时，已经在好，不是先看然后才"立心去好"。"知是行之始，行是知之（完）成"。

天理和人欲

但是，宋代以来，学问的目的在于成为圣人。并且，人通过学问而能成为圣人。这是［为学］第一前提。所谓圣人，是纯乎天理而无人欲之杂者。这即便在阳明那里也是作为前提的。因而，阳明的实践原则也同样在于存天理去人欲这一点。这一点上，他同朱子学绝不是立于相异的原则，却与彻底否认、攻击天理人欲之区别的陆象山，截然不同。阳明果然是从朱子学出发的，直到这儿，是没有问题的。但是，"心即理"这样的阳明的根本命题，与"存天理去人欲"这样的实践原则，果真是无矛盾的并存吗？在朱子那里，"性即理"与"存天理去人欲"是调和的。但是，阳明的场合，果真是调和的吗？朱子的场合，把心分为性和情，认为理只是那个性，不从情的（其逸出状态是欲）一方承认理。但是，若拒绝那样的分析，容许设立以浑一的心作为全体的理，就必然的不能不把心中的情的部分、进而人欲的部分作为"理"而理论性的予以肯定。像那样的情况难道不会发生吗？危机的思想，我认为就是哪儿存在着意图与方法不一致之点的思想。阳明的思想不是那样的吗？

阳明学和徂徕学

当然，把"圣人不可以学而至"作为前提的事也出现过。那就是我国荻生徂徕所尝试的方向。如果遵照他，所谓圣人，是"作者"，因而一定要是圣天子。所谓"道"，不是天地自然之道或内在于人类的道德法则式的东西，而是圣人制定的礼乐刑政之道。对于人来说，道始终是外在的东西。又，例如以"修身"来说，不是为了修身而成为圣人（像这样的事，本来是不可能的），而是说：若不修身，则不为庶民所尊信，因而政治也就不能顺利实行，所以君子修身。"轻外而归重于内，甚非先王、孔子之旧"（《辩道》）。荻生徂徕将圣人和道进行了彻底的"外"化，却与将圣人和道之"内"化作为顶点的阳明学，在很多方面达到了共同的结果。这是兴味深的[9]。但现在暂且不论。总之，朱子学输入以来时间不长，就已经产生出如此卓见的日本人的"聪明"，[值得] 惊叹，但那实际上不是在许多地方源于徂徕所谓"即便是圣人，也是唐人；即便是经书，也是唐人的语言"这样 [没有任何思想负担] 的轻松吗①。在中国本土，直到清朝灭亡，像这样"道"的彻底"外"面化的尝试，始终没有出现。也有这样的说法：与

---

① 作者补注：当时的日本人把中国呼为唐。日本没有中国那样数千年儒教传统的重压，所以在日本人看来，儒教反正是外国的东西，从外国来的东西。

朱子同时的叶适等永嘉学派的主张，已经与徂徕相同，而徂徕是向他们学的[10]。但恐怕并非如此。

能如泉之涌

不用说，阳明学是道德之学。恶的、人欲的克服，是必需的契机吧！但是，即便在阳明那里，恶或者人欲，总之也是偶然的东西，一旦吾心的良知自觉起来，在其威力面前，任何恶就如同"被投入火炉一片雪"，不会有［作用］吧！

> 与其为数顷无源之塘水，不若为数尺有源之井水，生意不穷。

（《传习录》上，六八）

总之，阳明学的根本的情感就是这样。阳明的所谓"心"或者"良知"，应该说就是人固有的道德的直观力或者直观的道德力，就其中包含着情的东西这方面［论］，我认为与其说它仅是理性或者理智，倒不如说卢梭的用作动机的心脏这个词与它最接近。它如泉水涌出不停止那样，是本来的"生生不容已"的东西。

阳明的这样的主张，是所谓主观唯心论的典型观点，这几乎不需要说明。"心即理也。天下尚有心外之事、心外之理耶"？例如，试取"孝"之理来思考。它是在为"外"的父母身中呢，还是在自己的心里？如果以为在父母，这就意味着伴随着父母的死亡、孝之理就死去的道理，那么在儒教里视为最重要之事的三年之丧，年度的祭祀，全都不能不变为无意义。

再次讲万物一体

与"心即理"或"知行合一"一起，另有一个重要的阳明思想的支柱，那就是"万物一体之仁"。"万物一体之仁"［说］发源于程明道，已经叙述了。但在中国思想史上它呈现第二个高潮，实际［出现］在阳明那里。阳明排斥朱子的《大学章句》，采用照旧保存于《礼记》的原本《大学》，即所谓"古本大学"。因而不像朱子那样将作为三纲领之一的"亲民"改读为"新民"，而是照原样读为"亲民"。又，作为对《大学》全体的解释，将在朱子学里那般重视的"敬"这个概念的导入断定为不必要。诸如此类，都是应该注意的方面。然这些现暂且不论，且［看］《大学》的根本精神，在阳明那里，被怎样地把握？

> 自"格物致知"到"平天下"，简言之，不外乎"明明德"。"亲民"亦非明德之外。明德是此心的德，即是仁。所谓仁，以天地万物为一体，即便一物，假使有失其所者，便是吾仁有未尽处。（《传习录》上，八九）

晚年的最后一年，他踏上去广西的远征之途时，特地为学团留写的《大学问》，即便说是阳明的思想的遗书也合适。这一篇，简言之，也不外乎详说这个宗旨。在《大学问》里，首先叙述，所谓"大学"，意味着"大人之学"。"大人之学"就是"明明德"者。所谓大人，是以天地万物为一体者，"视天下如一家、视中国如一人"者。那样认真地以天地万物为一体，绝不是有意图要那样，无非因为那个心之仁本来就像那样。

> 若见孺子落井，则必起恻隐之心，那是因为其仁同孺子为一体。

若言孺子只不过是同样的人，闻鸟兽之哀鸣，必起不忍之心吧！这就是其仁同鸟兽为一体。若说鸟兽还只不过是有知觉者，若见草木之枯折，则必起怜悯之心吧！这就是其仁同草木为一体。若说草木还不过是有生意者，若看见瓦石坏碎，必起痛惜之心吧！这就是其仁同瓦石为一体。……

良知和万物一体的结合

那个［情形］，不只是发生在大人，即便在小人那里也是同样，只不过是小人被私欲所妨碍，自己轻视它。《大学》的三个纲领中的所谓"明明德"，就是去私、去人欲而立"天地万物一体"之"体"；所谓"亲民"，就是达"天地万物一体"之"用"；所谓"止于至善"，就是"明德"与"亲民"无过、不及地合乎法则。可是，所谓"明德"、光辉之德，因为它在阳明那里不外乎"良知"，故所谓明德是仁，应该能说是极独特的提议。果然，阳明明白地说明了那个事情。

> 人是天地之心，天地万物本是与吾为一体者。生民的困苦荼毒，孰不是吾身切实的疾痛呢？不知吾身之疾痛，应该说是"无是非之心者"。是非之心"不虑而知，不学而能"者，即良知也。良知不问圣与愚、古与今，是同样有用者。（《传习录》中《答聂文蔚》）

明明白白，这是蹈袭程明道［观点］，只是在程明道那里，不知吾身之疾痛者，还只是"不仁"。现在它被宣告为无是非之心，即无"良知"。换言之，所谓万物一体之仁，的确不外乎"良知"之谓吧。万物一体之仁同"心即理"，完全地被结合。"良知"已经是知与行的统一，但现在又成了自与他的统一原理。不，不只是原理，它是心，大概是冲动。就像人要从四肢百体的疾病恢复而反省以前的本能冲动那样，万物一体的良知，就是朝向自他统一的道德的冲动。

迫切的心情

余由于上天的保佑，偶然得窥良知之学，确信根据它天下才能治，因此，每念斯民之陷溺，则为之戚然痛心，忘身之不肖而立志根据它救济之。看到如此自不量力之行为，天下的人嘲笑诽谤，称呼狂人啦丧心者啦。啊！疾痛之迫于吾身这个时候，有顾及人之嘲笑的闲暇吗？见父子兄弟之坠落深渊，呼号匍匐，赤足颠顿，抓住悬崖救之。那是人之情。然而士大夫，在其旁一边揖让谈笑一边手指着曰，忘礼仪作法、弃衣冠而呼号颠顿若此，此一定是狂人、丧心者。在溺者旁边揖让谈笑而不知救，此惟无血缘骨肉之情的行路之人能之……啊！现今的人，将余呼为狂人、丧心者亦无不可。天下人的心，皆不外乎吾之心。天下的人，犹有病狂者，余怎能不病狂吗？犹有丧心者，余怎能不丧心吗？

确实就是那个维摩居士的"众生病故我病"。但是，维摩的场合，是从"空观"这样否定性的"智"所产生的"悲"；对比之，阳明的场合，则是从万物一体这样生的连带中直接迸发的冲动。

连那个孔夫子，也或被诽谤，或被嘲笑，有时，甚至连他最喜欢的弟子也不免怀疑［他］，但是，［阳明复信云］：

夫子汲汲遑遑，如寻找丢了的自己的孩子，而不暇于暖席，是为了被人知、被人信吗？不，这是因为那天地万物一体之仁，痛切迫切，有虽欲止而不能够停止者。果然不错，夫子说："吾非斯人之徒（成为这个人的人）而谁与，欲洁其身（隐遁而不作为）而乱大伦（社会的存在这样的人正当应有的状态）。果（敢）哉！（然而这样的事实际）不难矣"。（《论语·微子》）啊，非诚以天地万物为一体者，谁能知夫子之心矣！

这封信的最后以如下话语结束：

> 仆之不肖，何敢以夫子之道为己任耶。只是因为知身有疾痛，故彷徨探寻，寻找有助于我者，共同讲学，只是想去掉这个疾痛。诚得豪杰同志之士，扶持匡翼、共明良知之学于天下，使天下之人皆自致其良知，以相安相养，去其自私自利之蔽，使尽洗谗妒胜忿之习，这样，若实现"大同"，则仆之狂病和丧心，脱然而愈，岂不快哉！

程明道曾讴歌"万物静观皆自得"，现在已经不是像那样的"春风和气"，有的是深刻的道德之危机的意识、迫切的心情。

现在，想尤其注意两点。一是狂的意识，另是［阳明］言及的"大同"。

狂的意识

在上面的书信中提到的"狂"，不用说是病狂者，顾名思义即是神经错乱者的意思。但是，它也许还微妙地包含着在阳明学派中渐渐地显著起来的另一个"狂"的意思。《论语》里把人分为三个类型，在得不到最稳妥的"中行"者的场合，似乎"必也狂狷！狂者进取，狷者有所不为也"。继承之，《孟子》里也有［以下说法］：

所谓狂者，果敢扬言，一心一意志于古人的理想主义者。但平心观察其日常［言行］时，则不能摆脱言行不一致的诽谤。若连此狂者也难得，求其次，所不屑为不洁者，即是狷者。

把中行、狂、狷作为三个等级。最下等者，是那个"乡愿"。孔子也说过："乡愿，德之贼"。

想指责非难［他］，但能抓住把柄的地方完全没有。同流俗合步调，与浊世同呼吸，态度似忠信，行为似廉洁，谁都喜爱［他］，自己也信［其］正确……

像这样的乡愿，才是应该唾弃的存在。阳明平定宁王叛乱以后，嫉妒其昌盛的声望，并非难其学问批判作为国家学问的朱子学这样的人，日益增多。阳明曰：

自己以前，仍然不能摆脱乡愿的样子。但现在信良知，是为是、非是非，照本心实践下去，没有一点假装体面的心情。自己现在才能忍受狂者之心。天下人都非难言行不一致的理想破产，随它便吧！

不久，从阳明弟子们中，出现了这样的主张：狂才是为了成为圣人的真正的道。

狂者志太高，实行［起来］也许不易与其相称。但是，什么虚饰也没有，什么隐处也没有，照本心率直地行动。若犯了错误，只要改正就可以。这才是入圣的真路头。（王龙溪语）

在这里能看到的是理想主义呢还是自然主义呢，或者理想主义的顶点而打算转向自然主义呢，这眼下怎样［理解］也可以。但是，这不只是主张，如果不久把［不管］什么样的人都作为伪善者开始批判、谴责，那对于士大夫社会来说，不就成为可怕的危险思想吗？

王阳明的乌托邦

接续"狂"的意识，想催促［读者］注意第二点，即在书信最后的段落里能看到的"大同"这样的话语。前面已引用过的阳明的《大学问》里也有"视天下如一家，视中国如一人"这样的话，那个话，也是"大同"说，都出于《礼记·礼运篇》。那个大同说作为所谓以"天下为公"为内容的共产主义的乌托邦思想，在清末的改良主义者康有为和革命家孙文那里，起到了怎样大的作用，这是众所周知的。在他们之前，即便在太平天国洪秀全宣传的小册子中，也很博得好评。不用说，阳明这里所言及的，不具有在康有为、孙文处那样程度的重大的意义。但是，强调"万物一体之仁"的思想，而终究提到"大同"这样的事，是可以大致注目的事。

但是，作为阳明理想社会模式，与其说是它，倒不如应指出著名的"拔本塞源论"。（《传习录》中《答顾东桥书》）圣人推论"万物一体之仁"以教诲天下，使人人复归那"心体之同然"。它的纲领，不外乎父子有亲，君臣有义，夫妇有别，长幼有序，朋友有信这五伦。三代的黄金时代，所谓学问，只是这五伦。因此，能实现人无异见，家无异习的太平之世，直至农工商贾之卑，都努力于这唯一的学问。——到这里止，是没有一点出奇之处的道学家的题目，但［他说］：

即便在学校里，也只是把完成道作为重点，各种各样的才能，一边以那成就了的德作为基础，一边在学校里或就礼乐方面，或就政教方面，或就农事方面，越发磨炼才能。临到任用能成道的人，仅以才能是否适合职位作为问题，不能以职级之高下、职别之忙闲来评价。在服务方面又同心一德，都只是想安定天下之民。假如适合自己的才能，承担繁杂的职务而不讨厌，甘居低位而不以为耻。这样天下的人亲如一家，才质低劣者，安于那农工商贾之本分，决无愿高慕外之心；才能杰出者，或在教育方面，或在政治方面，竭尽其能力，恰如一家之中有职务之分担似的。……总之，心学是纯明，因为完全实践万物一体之仁，所以精神流贯，志气通达，人我不隔，例如，就一个人的身体［而言］，目视而不闻，耳闻而不视，但与耳之所闻，目必定视，是同样的。……三代的盛世状况，能有如斯好，无非因为三代的圣学的要点只在于恢复心体之同然这一点，同知识和才能没有任何本质的关联。

的确，这也是对上下关系之"分"的社会理论的解释，由于加进德之平等性这样的胶粘剂，也许可以说，是更强固地改组了那个垂直原理的解释。但是，我们在这里应该注意的是：德之平等性这样的水平原理①被带着一种异常热情来主张。德之平等（德是明德，即良知）这种观点，与在神前的人的平等这样的主张，是相等的［思想］。仅凭这一点，也许不能打破任何现实的不平等。但是，从抽象的原理讲，若这一点热情地被肯定、被固执，无论怎样它也依然孕育着动摇现状的危险性。而且，阳明学是把热情作为如同其显著性格那样的一种思想。

总之，这个万物一体说，可以说成为阳明的心即理·知行合一·致良知学的燃料。不但如此，良知与万物一体之仁合体，是知行统一、自他统

---

① 译者注：水平与垂直在日文里恰好是反义词。原理在日文里亦有"原则"意。水平原理，当指公平原则（或理论）；垂直原理，当指不公平原则（或理论）。

一的同时，也成为"自然而然生生不息"者。"欲已自不容已"者，那就是良知。阳明以后的思想界的一个显著的特征，就是"生生""生生不容已"这样的话，任意、过分地泛滥起来。而阳明的"良知"，的确集约了那样的思想史的动向。

阳明的致良知哲学，现在已经显示了转向狂热的精神救世运动的征兆。被称为"心学横流"、被视为不幸、被视为贫乏的这样一个时代，就从这个征兆开始。

内面主义的诸成果

以上我将宋以后的新儒学的动向作为内面主义之展开来把握，并就阳明学来看这个内面主义的顶峰。宋学，或者朱子学，必然的具有该到达阳明学的命运，这就是我的看法。在阳明那里，"内"成为讴歌那个万能的事情。"天下岂有心外之事、心外之理矣"。作为那样内面主义的结果，恐怕是以朱子学没有预料的方式产生的吧！如果试图预先指出内面主义的少量成果，那么首先［要举的］就是造成了圣人这一概念某种变样。如何把人的尺度只缩小在良知这一点上，而且把"良知"视为人所固有的，那么就一定像阳明弟子所说那样，"满街都是圣人"。一镒（重量的单位）之金也好，千镒之金、万镒之金也好，不同的只是"外"的分量，若论其质，没有任何甲乙［之分］。

其次，作为连朱子学的，否，阳明自身也没有预料的结论，是人的欲望以至于被肯定吧。欲望之有，是"人之自然"。既然以心为理而浑一地肯定，结果，就不能否定欲望。在阳明那里，欲望只不过是覆盖太阳的乌云，丝毫不是本质的问题。但是，在阳明的弟子们的一派中、所谓阳明学左派那里，就成为这样：把"心"作为"无所不能者"而积极的被肯定。关于"私"也是同样。"那私者即人之心，人自有私，而后那个心即见（现），假如无私，则无心"（李卓吾）。天理人欲之说，于是完全化为毫无意义。

第三，陆象山的"六经是吾心之注脚"说，即便在阳明那里也出现。但是，关于这一点，无特别说明之必要。从解释心之至上的立场出发，出现"所谓六经，不过是吾心的财产目录"（阳明《稽山书院尊经阁记》）这样的主张，就是当然的趋势。不用说，阳明是作为热烈的儒教信徒而主张像自己这样的看法才是"尊经"的理由。不久，其学派中间，出现了正面嘲笑"六经"和《论语》《孟子》的人。又，阳明曾说过："反省吾心而不能领会时，即便孔子之说也不从。"那个时候，实际是［讲］在孔子那里不正确的东西一点也没有。但这不久，出现了公开说不以孔子的是非为是非的思想家。

第四，或者第四、第五、第六……关于自我主义、个性主义、积极主义，"动"主义这样的思想；又，对人之"情"的侧面的重视，作为那一切的合成力的"真"的主张，对作为真的反面的"假"即伪善的谴责……诸如此类的思想，也许应该予以概略的说明。但因为那好像是下面论李卓吾的一章里的一部分，不久［将论述］，所以在这里不提。

那以外，作为阳明学的应该造成的结果，例如，原则的解放知识才能，对历史和文学是促进的，等等，应该叙述的方面各种各样，但现在想特别指出的只是阳明学重视"讲学"的事。所谓"讲学"，就是许多学者集会，以关于"良知"或关于《论语》的思想这样的题目，举行研究会、讨论会，反对待在书斋主义，简言之，就是重视"朋友"。阳明已经把讲学比作婚姻，把作为师之自己的作用规定为媒人［似的作用］。不久，其高足王龙溪（参照次节）说："此学之于朋友，如鱼之在水，若一日相离，则枯竭。"属于王心斋之系统的何心隐被评论道："五伦中弃其四，一心置身于师友圣贤之间"，也表现了把身系于"朋友"之一伦这样的相同情况。像这样同志意识的执着，在左派那里特别显著。但是，总而言之，在作为宋学式的儒教

（性理学）的最高峰阳明学那里，儒教几乎立于自己否定、崩溃的紧要关头。

又，阳明学与陆象山的场合一样，唯一特长也是伦理学，对存在学、注释学全都不关心。但是，他一旦触及存在论方面，其哲学依然是气之哲学，"理者，气之条理；气者，理之运用"，对他叙述这样的可谓唯物的命题的事，应该注意。最近，明代的气的哲学特别被注意，在即便于阳明学派中也被称为最唯心的思想家（例如王龙溪）们那里，反倒唯物论的气之思想显著。这一点被指出，很有兴味。[11]

二、阳明学的展开——特别是左派

阳明学左派

朱子同他的弟子们，虽然引起了所谓伪学之禁、即政治问题，但没有引起社会问题。阳明学派，虽然没有引起什么政治问题，却引起了社会问题。阳明学在阳明死后，若用今天的话讲，则分裂为左派和右派。左派（其核心是所谓泰州学派）引起了被称为"阳明学横流""心学横流"的现象。就是说，阳明学派的某些思想是向社会的共同观念、权威挑战，以至败坏既成的道德，积极方面是引起道德的混乱、社会的不安，消极方面是引起社会的颓废。左派是理论的、实践的激进主义者（小人无忌惮者）。激进这样的意图，在士大夫存在那里，大概能够考虑两个极限，即作为士大夫、读书人而适合［其身份］的应有状态、传统所形成的风度，所谓"矩矱"这样的东西和把圣人作为目标的理论、实践。那个场合，是说对圣人这样的理想始终是忠实的，而达到无视、超越所谓"矩矱"［的境界］。旧矩矱、名教，只作为习惯的东西，"外"化的东西，作为假、伪善，被抛弃、被攻击。

与左派相对的右派，可以说是正统的士大夫派、名教捍卫派。随着左派的活动变得活跃，右派自觉的、不自觉的越发靠近朱子学。例如积极地主张阳明以为不过是多余的"敬"。

无善无恶

成为对立发端的，据说是围绕阳明"四言教"的争论。所谓"四言教"，是指"无善无恶心之体，有善有恶意之动，知善知恶是良知，为善去恶是格物"这样四句命题。对此，右派的钱绪山的解释是：因为这是师说的根本定理，一丝一毫也不能改变。心之体原来是无善无恶的，但因为人有习心，意（心之发动是意）明显地存在着善恶。格物、致知、诚意、正心、修身，都不外乎去恶为善而恢复那个性这样的体的实践，如果以为全都无善恶，那么实践（一切实践都归结为恶的克服、善的实现）就失去存立 [的理由]。王龙溪[12]主张：若心之体无善无恶，则意亦是无善无恶的意，知亦是无善无恶的知，物亦是无善无恶的物，当然无例外。若说意有善恶，则归根到底，心之体也仍然必有善恶。师这个命题包含矛盾，恐怕不是最终的定说。如果固执于师的一时的说法，把它看作不变的定理，这不外乎被语言束缚。学问应该靠自己去领悟，而不应该跟在别人的脚后跟转。——前者是"四有说"，后者是"四无说"。对于两者的对立，阳明亲自做了判断：两者只不过是相辅的说法，龙溪之说，单刀直入，是对于具有直接抓住核心之大力量的天性聪明之人的说法；绪山之说，乃是为了普通器量者的安全第一的说法。这里所说的"心之体无善无恶"，是说超越了相对的意义上的善恶，不是连性善都否定。即所谓无善无恶，意味着"至善"。但因为如此相信心的本质（良知），所以无论如何也不顾忌就儒教之徒而言应该是禁句的"无善无恶"这样的主张。在上述的范围里，应该看左派的纯理主义的方面。甚至能这样评价：王龙溪从本来就是禅的阳明学中，除掉了儒教思想的最后一点点 [内容]，把它完全变成禅学那样的东西。但是，这只不过是惯例的做法：企图把朱子学—阳明学用禅、佛教的一句话全部解决。不用说，假如经过心、意、知全都一个劲地推向无善无恶这样的彻底的阶段，则儒教思想或许会显示出无法预料的展开。

良知的新意义

龙溪说，即便是师之说，也不应该盲从。但事实上他和左派的每个人，大概是师说的狂热的宣传者、传道者，而对阳明学相当自觉地加以批判修正的，不用说是右派这一方。那个批判，多是阻碍性的。不知不觉地对阳明学带来最有意味的新展开，依然是左派。在龙溪那里，良知，被过分热情地主张，具有了新的意义。

第一，良知被扩大至宇宙的原理，而且它被视为无混杂的"动"的东西。阳明已经说过："良知是造化的精灵。这些精灵生天生地，成鬼成帝，皆从此出"（《传习录》下，二六一）。如果按照龙溪，则"天地间只一气，此气之灵，谓之良知"。而且那个良知被视为："自不容已的天地生生之机""变动周流，不应该把为典要""活泼泼地的东西"，那确实是"天则"（天地的法则）。但是，它不仅仅是作为应该被观的"体"的真理，立即又是"用"。就像有体立即有"用"、有理同时有气那样，它是像那样神的"无"。在龙溪那里，良知被视为像这样的东西。良知超越了仅是人的良知，成为宇宙的原理这样的观点，应该视为在中国哲学史上具有非常重大意义的观点。现今，中国的哲学史家，以为朱子学的"理"之哲学是客观唯心论，以为阳明的"心""良知"的哲学是主观唯心论，要是其弟子王龙溪的话，就是无法处理的极端的主观唯心论。虽然有[这样的看法]，但我认为：像这样的龙溪的说法，莫如说是客观唯心论，否，更正确[地讲]，也许应该说它是主观唯心论的顶点而企图大体上转变为客观唯心论的思想。

现成良知

第二，龙溪一方面强调宇宙的良知、与气那个东西宛如一个的良知，另一方面作为人的良知而主张"现成良知"。现成这样的词语，是在现成品啦、现成的饭菜啦这样的场合使用的口语，指在眼前全然完成了这样的意思。自·他·知·行之生生所不应该停止的原始统一的良知，现在已经说它是与宇宙原理那个东西无差别的东西。"致良知"，致力良知这样的事，不是指首先破除习气、人欲，那之后良知才被招来，良知那个东西就是破除习气、人欲的利剑。不是通过引子（媒剂）才发挥效力的药，其自身包含了引子的药，它就是良知。将明德明白于天下，这不是我们有意志的志向之，是良知那东西自然、必然的意志、活动，自己展开。龙溪常说"自信"（信自己），不外乎是说相信这样的良知。"在良知若心安，即为是；在良知若心不安，即为非。若安则必为，举世非难，亦无顾虑之必要"。良知与其是被高派的东西，倒不如是被深与的东西。"身是本来良知的凝集、运动"。有的东西只是良知，不是我们致良知，是良知那个东西致自己。无论在个人规模、在宇宙（全部存在界）规模里［都是如此］。

对于这样的现成良知说，［有人］提出了严厉的非难，说它只不过是轻视实践（个人之果断的行为）、只论本体啦；说它一边主张我任意随便行为，一边认为因为"率性"而动所以合道啦，但龙溪不屈服。那样的非难，只不过仅固执于不外乎所与性·课题性①相统一的良知之课题性这方面，只不过不知良知是本来的"动"的性质的东西。即便像尧舜那样的圣人，在完成其圣功之后，尚且自戒人心之危、道心之微，勤于"惟精惟一"的工夫而不松懈。

---

① 作者自注：良知对我们是既成的，是所与性；我们应该体会良知是课题性。

三教一致

　　像这样的良知学说，恐怕容易进展到"儒、佛、道"三教一致这样的主张，这是能直接想象的。千古之圣学，能以知（良知）之一字穷尽。我尧舜孔孟之学，由于达到良知之说，故彻底暴露了那个千古之秘密。中国的"学术"现在已经完结其展开，到达最后的究竟境。现在立于这个究竟境，若试图回顾它展开的轨迹，就一定要承认道教、佛教虽然各有缺陷，但又各自把握了真理的一方面。说起来，像儒教得之才是儒、佛教得之才是佛那样的东西，才值得被称为真理。现在若从良知的真理回头看，道家的"虚"、佛教的"空"，它们虽然还是分别的固执、相对化统一不可分的·绝对的东西，但是，各自不失为真学的一要素。"良知才是三教之灵枢"，良知的立场才是他们依靠而立的真正的地基，可两者［指佛、道两家］却始终不能领会这一点，这应该说令人很惋惜。但他们绝非仅仅作为异端而必须加以排斥。即便关于庄子、告子等被传统的儒家所排斥的思想家们，也是同样。人们把他们呼为异端，但若不被名束缚而求实的话，庄子应该比作曾点、漆雕开（都是继颜渊的孔子的高足），告子应该称为"圣门之别派"，这几乎不应怀疑。［他们］远胜过汉以后堕落的儒学，［我们］不应该被传统的评价迷惑，徒为不通之论。

　　道、佛二教的排斥，异端与正统的严格辨别，这是宋学在最初的出发点高举的旗帜，是"圣人之学"存在的价值。但是，现在圣学之徒的主张，几乎与之正相反。

身之尊严

　　王心斋（1438—1540），现在的江苏泰州县的盐业工人出身，以他为始祖的学派称为"泰州学派"。从其学派，像这样（虽是百姓、陶工、樵夫等，但同时讲"学"，向掺杂了士大夫的听众解释道）的学者辈出。王心斋读过的书只是"四书"，他的诗文都是别人代作，这也许未必是严厉批评。但是，在王阳明的门下，他是同王龙溪并称为"二王"的巨头。他的学说最著名的东西是"淮南格物"这样独特的格物说。身和天下国家是一物，身是本，天下国家是末，以身絜度天下国家是格物。"道尊故此身尊，此身尊故道亦尊，因此所谓学，是学成为师，学成为长，学成为君。使天地万物依此身，不是使此身依天下万物。离开这一点，全都是'妾妇之道'（孟子语）"。"出而不为帝者师，是漫然苟出；若处而不为天下万世之师，这是'独善其身'者（参见二二页）"，"孔子修身而讲学，以见（现）于世，一日也不隐"。被人比作伊尹、傅说（都是由民间而起的殷的名宰相）时，心斋曾说："伊尹、傅说之事，自己不可能；伊尹、傅说之学，自己不想取。伊、傅靠自己得君可谓奇遇。假如不遇，则不外乎一生独善吧。孔子决不像那样"。我们应该注意，这不是出自士大夫口中，而是从只是一个布衣、即一庶民学者口中发出的。

第三次讲万物一体

心斋的思想中心，也是阳明左派那里共通的"现成良知"，但思辨的性质决不强。其本质始终在于实践主义。这里介绍其《鳅鳝说》这样的特征性的文章，而打算评价其"万物一体"，"民是吾胞，物是我与"（《明儒学案》评价王心斋所用之语）这样的使命观和传道意识。

　　道人漫然步行于市，偶尔看见店头缸中养育的鳝。互相重叠，互相纠缠，互相挤压，奄奄然若死。忽然看见，一条鳅从中出来，或上或下，或左或右，或前或后，周流而不息（止），变动而不居。如神龙然。鳝由于鳅而转身通气，得以恢复生气。此转鳝之身、通鳝之气、存鳝之生，皆不外乎鳅的功劳，然亦是鳅的快乐，绝不是因为怜悯这些鳝而那样做，也不是为了期待这些鳝的报恩而那样做。只不过自身"率性"（"率性之谓道"，《中庸》）。因为这种原因，道人有感，喟然叹曰："吾与同类并育于天地之间，不是若鳅和鳝一同育于此缸中一般吗？我闻士大夫以天地万物为一体，为天地立心，为生民立命，不诚然这样吗？"于是准备车，整理服装，慨然抱周游四方之志。忽然看见，风雨雷电相继作（发生），鳅乘势跃入天河，投入大海，悠然而往，纵横自在，快乐无限。回视樊笼之中的鳝，思将有以救之，奋身化龙，复作雷雨，倾满鳝之缸。因为这种原因，缠绕复压的鳝，皆欣欣然而得生意。而且，俟（待）其精神苏醒（正气盛极一时），一同游归长江大海。

从心斋系统，不断出现在道之前什么也不顾的"英灵汉""即便不免于世，亦向道前进"的"英雄之士"。评定为那个学派的思想家、实践家的李卓吾，高度赞扬说："大海不宿死尸，龙门不点破额，一代比一代高"。他们许多人每每被称为"侠""游侠"。可以［与之］联想的事是：后来，清末的改革主义者、革命主义者，所谓的"志士"们，被这样称呼，并且他们自己也这样标榜。虽然是高唱"圣人之学"的"儒教之徒"，但他们已经不能同社会始终保持和平关系了吧。就这样，最后，李卓吾出现，彻底地主张"我"，"颠倒千万世之是非"。然后，由于他死于狱中，所以对于阳明学左派的经过九十年的思想的、实践的运动，［他的死］可谓打上句号。关于卓吾，让别稿论述，在这里，引用对于心斋的某弟子的赞辞。

自古以来，农工商贾和生业虽然各种各样，但人人都能平等的学习（可共学）。所谓孔门弟子三千，但身通六艺者仅七十二人，其他都不外乎无学的庶民（无知鄙夫）。汉代，只是能暗诵古人遗留的经书这样的人起（立）而成为经师，学问完全成为经生、文士之业。于是圣人经过万代而与人人共明共成起来的学问，遂埋没而失其传。但是，天使我师由盐田崛起，慨然独悟，直接以孔孟为宗，直指人心。这样，目不识丁的愚夫俗人，也皆自觉自己的性之灵妙，不借助（来自外的）知识，无待教育，是完全无缺的。二千年间被丢失的消息，一朝复明。

学问已经不是士大夫、读书人［独占的］东西。叙述到这里，自然而然地联想到我国净土真宗的《御文章》中的话语。"即便读破八万法藏，不知后生（来世）为愚者；即便一文不识的耆年比丘尼，知后生为智者"。

主观唯心论？　客观唯心论？

　　把朱子学规定为"客观唯心论"（客观的观念论），把阳明学规定为"主观唯心论"（主观的观念论），按照向唯物论的接近程度，认为前者比后者的思想价值更高，这是最近的中国学术界的定论。但是，我只能这么想：莫如说阳明学明显地具备客观唯心论的特征。例如，对于那个"恶"的态度，又，始终把不保留的彼岸（达到无限的不可能的理想）作为志向；如果选出存在论这方面来论的话，那么在那里的理气不分的立场，作为宇宙的原理的良知的动的、自己展开的特性，诸如此类，与其说全都是主观唯心论的，倒不如说是客观唯心论的思维特征。客观唯心论的立场，通过河上肇博士的：

　　　　艰难地走到此地，回首怎不生激情，
　　　　不停地跋山涉水，方到达今日之境！

这样著名的诗歌就能表示。主观唯心论的立场，通过大西祝博士的：

行之兮复行之，慕不及之太空，

知不及偏追求，其唯人之心乎！

这样有名的诗歌就能表示。客观唯心论，可以说是一切在原理上已经被展开完了这样的大肯定的立场，不论是恶还是异端，如果从这个立场回过头看的话，归根到底，它们都不外乎为了［获得］真理的一个契机。阳明学肯定道教、佛教，向三教一致前进，亦是当然的趋势。

第四章

儒教的叛逆者——李贽（李卓吾）

人皆以孔子为大圣，吾亦以为大圣；人皆以老、佛为异端，吾亦以为异端。人人非真知大圣与异端也，以所闻于父师之教者熟也；父师亦非真知大圣与异端也，以闻于儒先之教者熟也。儒先亦非真知大圣与异端也，以孔子有是言也。其曰"圣则吾不能"，是居谦也。其曰"攻于异端"，是必为老与佛也。儒先亿度而言之，父师沿袭而诵之，小子蒙聋而听之。万口一词，不可破也；千年一律，不自知也。不曰"徒诵其言"，而曰"已知其人"；不曰"强不知以为知"，而曰"知之为知之"。至今日，虽有目，无所用矣。余何人也，敢谓有目？亦从众耳。既从众而圣之，亦从众而事之，是故吾从众事孔子于芝佛之院。

（李贽《续焚书》卷四《题孔子像于芝佛院》）

思想史的背景

　　宋（公元960年建国）以后的中国是士大夫的中国，士大夫的哲学、思想、意识形态，是广义的宋学[13]。宋学，根据现代中国的哲学史家的分类，包括三个流派。第一是张载（张横渠）所创立的唯物论，即"气"的哲学。第二是开始于程颐（程伊川）而由朱熹完成的客观唯心论，即"性即理"的哲学。这个所谓的朱子学，不久，永久地占据国教的地位，因为其过分的整齐性、完结性，终于没能期待值得一提的独创的后学[14]。第三是陆九渊（陆象山）主张的主观唯心论，即"心即理"的哲学。作为其先驱，举程颢（伊川之兄程明道），最适当；作为其后劲，举明代的王守仁（王阳明），是定说。

　　这三派之中，唯物论的系统在现今的中国最被强调，从这个新的着眼做的思想史的发掘、改写，接连不断地取得成果[15]。即便没等新中国成立，继承张横渠的大哲学家·清初的王夫之（王船山）的存在，也已经众所周知。但是，切合思想史的纠葛而平心地思索时，这样的看法——这个

123

系统并没有起到另外二系统［那样］程度的作用，被认为毕竟还是妥当的。张横渠的"气"的哲学，事实上被完全吸收于朱子的"理气"说之中。即便王船山，生前不必说，直到死后一百五十年、清朝的末期再发现，其著述和思想也完全沉睡在湖南省的偏僻的乡村里，这说得不夸张。尽管不用说思想的确在那里存在着，应该珍视；而且，正因为那个缘故，死后一百五十至二百年之后，在［民国］民族主义风潮中，它起到了伟大的作用，这是不可怀疑的事实。

宋以后的思想史之最重要的局面，仍然在于客观唯心论和主观唯心论的纠葛；朱子学的"性即理"和陆王学的"心即理"的对立、抗争。不用说，这并不是说一方是体制方面的思想，另一方是反体制方面的思想。体制的维持、名教的拥护，这是两者一致高唱的大理想。两者都是一样把"理"的存在作为前提、把"理"的死守作为使命的理想主义。要说那个抗争，简言之，不过是站在同一立场的霸权的争夺战。这样的说法，充分有道理。否，岂止那样，连立这样的说法（非官学的陆王学的方面，是更彻底的体制拥护性的，是对体制更彻底的奴隶性的）也是可能的。若借用张横渠—朱子的定义，不外乎"心是性与情的统一体"，但"性即理"仅是这个"心＝性＋情"的一部分，即相对于只不过把性作为理，"心即理"说是举心全体（其具体的内容就是五伦五常）作为理，能看作"为封建伦理提供一个更直接的根据的东西"。朱子的格物说，这样解释：事事物物里有"理"，通过穷之格之，可以检证、把握自己内在的"理"。对此，阳明抨击说：总而言之，这无非"求理于外"的观点，假如以为孝之理在为"外"的双亲，双亲如果死了，那么孝之理就消失了吗？自古以来，作为孝之最大的节目的丧、祭就是无意义的事吗？理完全在"内"，完全在"我心"，以此一事就可知（《传习录》，岩波文库本一二七页）。

诚然，目标也许相同，但对于那个相同的目标，所谓"性即理""心即理"，其各自的原理，或者方法，都是整合性的吗？

我认为，"性即理"方面是整合性的，但"心即理"方面不是那样。其详细［内容］不具有解释的余裕，现在想暂时指出以下诸点，即"心即理"说由于把没区别性、情（情具有一直流到本性上的"欲"的倾向）的原封不动的"心"设为理，所以导致出这些倾向：情—欲望（所谓人欲）的肯定；"人之自然"的主张；对朱子学那般重视的"敬"的轻视；对宛如"六经是我心之注脚"这样的权威的轻视；对异端的包容的态度等[16]。而朱子学派却不停地严厉警告这几点。

虽然从客观唯心论方面不断地攻击其原理、方法的危险性，但主观唯心论的流派，程明道到陆象山直到王阳明，不管怎样，可能没有很大的破绽。王阳明的"良知"说（所谓良知，是根据孟子的语言，把像心即理那样的心标准化者）可以说是其顶峰。而且，在阳明那里达到顶点的主观唯心论，不久，假如就其目标而言，可以说不能不立于诡辩的境地，达到不使我那原本包藏着的祸心被发现［的地步］吧（阳明学左派）。作为其契机的是，良知的人的平等性，由于阳明，被热情地主张（满街都是圣人）；人由于只有把"内""良知"作为问题，反倒开辟了对于"外"的知识、技能等的积极评价之道，开放了自由主义的风气[17]，等等。与此一同必须特别注意的是，主观唯心论的系列从最初就伏流的"万物一体之仁""生生不能止"之说是同良知结合的。良知已经不是个人的平静的修养项目，而成为应该实现万物一体的觉醒运动、精神的救世运动。

孔子汲汲遑遑，宛如寻找丢失的自己儿子，而无暇于席之暖的原因……就是因为那天地万物一体之仁，是疾痛迫切，虽欲已而不容已者。所以孔子说"我不与斯人之徒（成为这个人的人们）而谁与""洁其身（隐遁）而乱大伦（社会的存在这样的人正当应有的状态），果

（敢）哉。（然而这样的事实际）不难矣"[18]。啊，非真以天地万物为一体，谁知夫子之心矣。（《传习录》，同上二一八页）

良知是作为万物一体虽欲已而不能已者，生生不能止者。"与其为数顷无源的塘水，不若为数尺有源的井水之生意无穷"（《传习录》，同上六七页）。——假如省于吾心而［以为］非，则虽孔子之言亦不以为是（《传习录》，同上二〇五页）这样的良知，是主张万物一体、民是胞，物是与。但是，为动辄企图超越被派定的界限、本分的"生生不容已"的流动主义所保证的时候，就"抛弃五伦中的四伦"，仅以"朋友"一伦为"生命"，产生"只诚心诚意达性真，在恶名里埋没一世亦不顾及"这样的"阳明学左派"的"狂"[19]。最后的结局，勃发了应该说是思想之暴动的思潮。其时期，与正当那时开始的社会暴动、所谓"民变"的时期，正好一致[20]。

思想的暴徒，那就是李卓吾。

生涯

李贽，字或号是卓吾，通常以李卓吾被知。出生于福建省泉州府晋江县的读书人家，因为晋江县［县衙］在泉州的城内，总之是泉州城的人，生卒年代是明嘉靖元年至万历十年（1527—1602），即生于明朝文化最成熟的时期。其生年在阳明逝世的前年，卒年在"中国的卢梭"黄宗羲出生的八年前、明朝灭亡的四十二年前。就日本说，川中岛交战、太合的朝鲜征伐是他生涯中发生的事情，德川家康被任为征夷大将军是在其逝世的翌年，就是说是包括靠战国的安土·桃山时代。就欧洲说，哥伦布死后二十年诞生、是与马丁·路德大略相重二十多年、与米开朗琪罗相重三十多年的后辈，与蒙田完全是相重的同代人。无论日本还是欧洲，都处在历史的大转折点。

卓吾在那里出生、到二十至三十岁间一直生活在泉州这个地方。这是个很特异的城镇，和广东一起，是唐以来中国最大的外国贸易港，否，在元朝的时期里，是"世界两个最大的贸易港之一"（马可·波罗）。而且，因为当时的贸易是所谓的南海贸易，渡来很多伊斯兰教徒，因而，是在中国的伊斯兰（回族）的大中心地。现在仍遗留着的泉州的伊斯兰寺院·清真寺，一○○九年或一○一○年着手奠基（改建于元代）。可是，一旦进入明代，作为国是的海禁政策的结果，外国贸易全部衰落，因而泉州的繁荣也似乎同以前的时代无法比拟，但泉州与其附近（厦门等）仍然作为秘密贸易的中心地而具有高度的活气。此地的缙绅，甚至时常显示出左右中央政局的势力。李卓吾家原来也是泉州的商人。其先祖之中，也有人于明朝初期跑到波斯湾，且长期逗留，在那里娶当地人为妻的；还有人由于官命而做翻译官的工作，"引导日本和琉球的入贡使上京"。这些事，由于几年前在当地发现《族谱》之后才成为被人所知的事实。《族谱》还载明李卓吾的家代代是回族，即伊斯兰教徒。妻子黄氏好像也同样是回族。若把［他家］当作严格的回族家庭，则是当然的事[21]。

二十六岁，通过科举第一关的乡试，获得举人的资格。这件事本身，只意味着向作为士大夫的正式成员迈出了第一步，没有一点出奇的地方。他晚年回忆那时之事的文章，因为的确是卓吾谱系，故准备引用。

成长之后也是个呆子，即便读（为科举考试准备的《四书集注》等）传注之类也不能理解，不能领会朱子的深意。因此感到厌恶，打算抛弃而结束［读经］。那样的话，就很闲暇，无以消磨时间，乃叹曰："总之，因为不过是儿戏，无论剽窃、无论如何，若乱七八糟地摆着，就很多。说是考试官，也不可能从一到十都通孔圣的奥义"因此，取八股文之尖新而值得玩诵者，每日背诵数篇，至考试那一天，大约五百篇运用自如，一旦被分给答案用纸，就一个劲地开始作缮写人，

于是以优秀的成绩及第。(《焚书》三《卓吾略论》)

以后，抛弃作为科举之正式演出的进士考试，在河南、南京、北京辗转任最下级的官吏，[又任]南京刑部员外郎这样的闲职，好容易在五十一岁的时候出任云南省姚安府的知府，然五十四岁就已经辞退。这就是他官历的全部。说到知府，总算是个官，但若看被派遣到云南这样的边境，总而言之，作为官吏也不是太显著的经历。

随着辞职而寄身于湖北省黄安县（汉口的东北方向）的耿氏檐下，不久，因同后来的户部尚书（大藏大臣）耿定向在思想上对立，强硬地提出绝交信，迁移到麻城县龙湖的芝佛院（五十九岁）。在这麻城的十多年间，是他作为思想家、评论家活动的最高潮时期。像代表作《藏书》六十八卷、《焚书》六卷，都出版于这个时期。作为反面又危险的思想家，来自正人君子的[对他的]憎恶和迫害，变换手段，变换面孔，越来越激烈，不能停止。在芝佛院，他的日常生活，与其说只是寄食者，事实上，倒不如说几乎接近僧陀，终于在某一天，断然剃发。这样，由于既不像僧又不像儒的奇奇怪怪的打扮[22]，故喧嚣的舆论更喧嚣。夏日，不能忍耐头痒完全剃掉头发这件事，好像是实情，然有时候又自说：

因为无见识辈把自己呼为异端，我才进步成为异端，使竖子成名。(《续焚书》一，《与曾继泉》)

宛如好事的这一挑战的、战斗的态度，绝不只是这一端，直至临终，都是卓吾的特征。又，接着准备在这里介绍《自赞》、即应该说是其自画像的他的文章：

其性偏狭，其色矜高（高傲），其语卑俗，其心狂痴，其行率易

（轻率）。其交际少，然若见面则热情地亲近。与（赞成）人也，好求其过而不悦其长处；恶人也，已与那人绝交又欲终身害那个人。志在暖衣饱食，而自以伯夷叔齐为任；本来等同于（破廉耻的那个《孟子》中的）齐人，而又自谓饱道饫德；一介也不与人的事明明白白，而借口伊尹的故事；（为了人）不拔一毛的（事等同于杨朱）明明白白，又（模仿孟子说法）称杨朱为贼仁者；动则逆物，口与心违，其人如此，乡人皆恶之。昔子贡问夫子曰："乡人皆恶之，如何？"子曰："未可也"。像居士，其可乎哉！（《焚书》三）

事实上他是狷介而难以接近的人物，又是极度爱干净的人。某个传记里说，[他]"性爱扫地，即便数人专管扫地，尚不足。擦拭脸和身，确有水淫之感。"

一六〇〇年，七十四岁，麻城的宪官和以宪官作后盾的士大夫，作为过去几次对他迫害的总检举，终于对他下达了驱逐令，打毁芝佛院及为埋骨准备的塔[也同时]执行。他被崇拜者伴随着逃难，远逃至北京附近的通州，后年一六〇二年闰二月，被逮捕，三月十六日在北京的狱中自杀，享年七十六岁。著书、雕版、草稿，全部被烧毁，即便进入接着的清朝，其著述也被列在禁书目录之中[23]。

李卓吾曾直接师事王心斋之子王东涯，对王龙溪一生倾倒，至于对王阳明的崇拜，则不待言。亦有《阳明先生年谱》《阳明先生道学钞》等著述。因太破格的缘故，他没列入《明儒学案》，但他是阳明学派的人，尤其是阳明学左派的人，这没有异议。

童心之说

假如把李卓吾的根本思想用一言来说，毕竟还是"童心"吧。以下介绍收进《焚书》卷三的文学论的《童心说》。

龙洞山农在《西厢记》的序文的末尾说："识者勿责怪余之尚未脱离童心可也。"但是，所谓童心，就是真心。假如以童心为不可，这就是以真心为不可。

所谓"真"，是"假"的相反概念。所谓"假"，是"借"的意思，似而非、虚伪，总而言之，指不是真的，是假的。

> 童心者，是与假无缘而纯粹真的东西（绝假纯真）、最初一念之本心。假如失掉童心，就是失掉真心。假如失掉真心，就是失掉作为真人。做人若无真，就应该说已经全然没有"初"者。童子是人之初，童心是心之初。心之初者，究竟是失掉也可以的东西吗？

这段，遵循宋学里议论纷纷的"复初"说而曰：

> 可是，童心什么原因突然地失掉呢（胡然而遽失）？大概，最初闻见从耳目而入，成为内之主，于是童心被丢失。长大，道理乘闻见而入，成为内之主，于是童心被丢失。一旦久之，道理和闻见，日日越发多，因而所知所觉，日日越发广，在此时，越发知应好美名，而意欲扬之，于是童心被丢失；知应以不美之名为丑，而意欲掩（隐瞒）之，于是童心被丢失。

"道理"这个语词，作为消极价值的语言被使用方面，应该注意。在别的文章里，名教这个语词，仁者这个语词，都有在消极价值上被使用的例子。"天下之人得其所久矣，所以不得所者，贪暴者扰之，仁者害之也。仁者以天下之人失所而忧，而汲汲然贻（送）得所之域。因为这种原因，以德礼格其心，以刑政絷（束缚）其四体，于是人始失所"（《焚书》一，《答耿中丞》)。接着准备引用该书简中的一节:"……然此乃孔氏之言也,非我(的言)也。夫天生一人,自有一人之用,不待取(供)给于孔子而后足也。若必待取足(满足)于孔子,则千古以前无孔子,终不得为人乎?"——那么,继续[谈]童心说:

> 道理、闻见最初全都是从多读书、识义理来。古之圣人何尝不读书?但是,即便不读书,童心本来自在;即便多读书,依然由此护童心,无外乎使勿丢失,与学问者由于多读书、识义理反倒障(妨碍)它不同。学问者,既然以多读书、识义理障那个童心,[那么]圣人仍旧多著书立言、以障学人的必要[性],在哪里呢?

这里能看到的,和他在别处发的"应畏者书哉"的叹息,是相同的叹息。与此同时,另一方面,又有这样的逻辑:对于确实打动自己的东西来说,没有理由惧怕读书。本来,极度强调"内"的阳明的良知说,把读书和教养作为"外"的东西,对它的确是很警惕的。——被卓吾憎恶到那般程度者,他们不只是道学先生,毋宁指广泛的读书、教养之人。但是,由于那样,无非是引起体无完肤地批判和攻击。

> 童心既然被障,一旦发而成为言语,那言语就不是发自衷心的东西;见(表现)而成为政事,政事就无根柢;著而成为文辞,文辞不能达;既不是由于有含内者而章美的东西,也不是充实而生光辉的东西。欲求一句有德之言,终于不能得。缘由如何?因为童心已经被障,以无非由外而入的闻见道理为心。
>
> 已经以闻见道理为心。那么,所言者,皆闻见道理之言,不是出自童心之言;言虽巧,同[真的]我有什么关系呢?这不正好是假人说假话,则事是假事、文是假文吗?其人已经假,实行起来则无不假。

于是，若以假言语假人，则假人喜；若以假事道假人，则假人喜；若以假文与假人谈，则假人喜。因为无所不假，故无所不喜。满场假也，矮人辨何也？

矮人云云，是用所谓矮人观场、矮人剧值得看的比喻，指附和雷同他人做出的评价。卓吾最憎恶的是假，尤其对"假道学"（不只是道学先生，广泛地包括立足儒教主义的一般官僚）的伪善和无能，确实竭尽痛骂嘲笑之能事。但我想指出一点，即这个"假"和"真"的尖锐且执拗的对置，立足其上的"真"的热情的主张，不仅可以说是开始于阳明左派而在卓吾达到顶点的一个"党派"意识，同时又和"生生不能止"一起，也是嘉靖万历广泛的精神史的一个基调。卓吾的书席卷读书界，是因为他最鲜明地表现了时代意识。——那么，接着进入狭义的文艺论。

然则，虽有天下之至文，因假人被湮灭而不尽被后世知者，决不少吧！何谓也？作为天下之至文，未有不出自童心者。假如童心常存，则道理不行，闻见不立，无时不文，无人不文，任何的创制体格（体裁）的文章都无不文。诗何必古选（《文选》）。文何必先秦。降而成为六朝（骈文），变而成为近体（律诗、绝句等），又变而成为传奇（小说），变而成为院本（脚本）、成为杂剧（歌舞伎）、成为《西厢记》、成为《水浒传》，成为今日的八股文。都是古今的至文，不能以时世的先后论（古代的东西最好）。如此去看时，我渐渐有感于童心者之自文，事已至此，[说]什么六经，[说]什么语孟（《论语》《孟子》）。

诗何必古选，文何必先秦，是意识到所谓前后七子的复古主义、拟古主义而说的，这不怀疑。尽管那样，也应该注意，将"海淫"的俗文学《西厢记》、"海盗"的俗文学《水浒传》之类表彰为古今之至文，而且，为了表彰它们，连悍然降低六经、语孟也不辞的那个精神态度之激昂。

　　那六经、语、孟，不是那个史官过为褒崇之词，就是那个臣子极度赞美之语，又不然，则迂阔之门徒、懵懂之弟子们，记忆师之说，有头无尾，得后遗前，随其所见，记下来成为书。后学不察，便谓出自圣人之口，决定目之为经，谁知大半不是圣人之言。纵然出自圣人之口，总而言之，是有所为而发的东西，只不过是应病予药、随时处方，打算救治这样的懵懂弟子、迂阔门徒的东西。如果药只不过为了医"假"这样的病，处方不能固执，怎么能率然视为万世之至论呢？然则，六经、语、孟，是道学先生的口实，假人的渊薮，断断乎不可能在童心之言前拿出来，是明白的。呜呼！[吾]安得真正的大圣人之童心还未曾失者，一同语一次文哉！

以上是《童心说》的全文。而关于卓吾作为批评家、评论家的多方面的活动，现在不涉及。在当今的中国，认为王阳明是主观唯心论，但阳明左派（泰州学派）—李卓吾是唯物论，想竭力将两者拉开的试图是显著的。这样的试图，在今日的中国，具有某种现实的意义的事，尽管能了解[24]，但说它在学问上几乎不具有什么说服力，则非言过其实。假如排除凡是进步的、反抗的思想全都应该是唯物论这样的教条来思索的话，则宛如我曾经的论证，卓吾依然是主观唯心论者王阳明的"嫡派儿孙"，其"童心"可以说是"良知"的成年。

历史批判

　　作为《焚书》的代表性的一篇，我在上面解说了《童心说》。下面，想介绍《藏书》（内藤湖南《中国史学史》里所说的"古今未曾有的过激思想之史论")中的总论性的两篇。不同于《焚书》是收集书简、杂多的随笔、诗等所谓的文集,《藏书》方面,由始至终的著述,都是世纪和列传,即被用纪传体写的中国史(从战国到元代)。在人物的分类方法上,又,在到处添加的评论上,"绝《纲目》(朱子的《通鉴纲目》)谱系的道学头巾习气,快捷轻俊,充满谋反气"[25]。姑且不论《四库全书总目提要》的评说:"李贽之书,皆狂悖乖谬,以圣为非无法,尤其此书攻击孔子,别立褒贬,凡千古相传之善恶,莫不颠倒而易位,其罪不容诛",在中国的史部之书中,它一定是最独特的一部书。

首先介绍第一篇《藏书世纪列传总目前论》,简言之,是《藏书》全书的序文。

李氏曰,人之是非,原无定质,人之对于人的是非,亦无定论。因为无定质,故此是与彼非,并育不相害;因为无定论,故以此为是与以彼为非,并行而不相悖。这样看来,今日之是非,谓余李卓吾一人的(私的)是非可也,谓千万世之大贤大人之公是非亦可也,谓予颠倒千万世之是非,再非是余所以为的非是,亦可也。余之是非,唯有任其可矣。

这的确是典型的分类排列(raisonnement)的立场(黑格尔)。

前三代(夏、殷、周),现在不论。所谓后三代,是汉、唐、宋,其间千百余年,而全然无是非。是其人的确无是非吗?因为皆以孔子的是非为是非,所以只不过是一点儿是非也没有。假如像这样去看,我是非人者,此又有不能已(止)者。这是非之争,如同四季[循环]似的、昼夜更迭,而无一致。昨日为是,今日为非;今日为非,而后日又是,即便使孔子复生于今日,不知究竟作如何的是非也。而能率然以定本（一定不变的基准）行赏罚（批判、毁誉褒贬）吗？

　　……此书，只能自怡，但不能示人，故名之曰《藏书》[26]，无奈一二好事朋友非要阅读，我即便断绝关系也不停止。只有戒曰："览则一任诸君览观，但无以孔夫子之定本行赏罚，则善矣"。

诚然，卓吾的立场，也许是既可那么说也可这么说的立场。但是，同样不应该忽视附加这样一条：唯有不干以孔子的准则为准则、并且［照着］做的事。他的立场始终是战斗的，否，挑战的。——名教者流派迫害他，把他下狱，逼到死的地步，但假如接受其挑战而奋起相互光明磊落的论战，则儒教思想、中国思想，也许可能开创意想不到的生面！利玛窦已经来中国活动，卓吾同他也几次会见，对其人不惜赞辞（利玛窦的《天主实义》的刊行，是在卓吾死于狱中的翌年）；另一方面，佛教界，此时［出现］以卓吾的知己——紫柏真可为首而龙象辈出之生气勃勃的结尾——这进入清朝就极度地沉滞。对中国思想史来说，这确实不是千载难逢吗？我想在这里再次引用旧稿（参照注十三）中的话语：《易》有云："物穷则变，变则通"，虽穷大概欲变，但终于不能变，这不是从思想史上看的明代的情况吗？被冠于本章开头的卓吾一文，的确应该作为生活在这样的时代的一个战斗的思想家的感慨来读。

　　那么，接着［介绍］《世纪总论》，也就是各论的总序。

　　李生曰，"一治一乱"（孟子语，有历史价值的意思）如同循环的环。战国以来，大概不知几治几乱也。正当其乱，仅保住首领（脑袋），已是幸福。一旦有幸逢"治"，若能饱食则足，不介意是否粗粝；能睡眠则满足，不介意是否大厦。这是极"质"极"野"而无文之时。不是喜好"野"，是势不得不"野"。虽然达到了质、野之极，然而是不自觉的。

一旦成为子孙一代，则不同，耳不闻金鼓之声、足不履行阵之险，只知安眠饱食之快。于是其势若不极"文"则不能止，所谓其始也简，其将毕也必巨，即便怎样的神圣（的天子）在上，也不能将它返回到质和野。但是，如果"文"极的话，天下之"乱"复起，英雄并生，逐鹿不止，虽圣人也只能顺（其时势）。

儒者并提忠、质、文，究竟是怎样的意思呢，不了解。又，讲解以"忠"易"质"啦、以"质"救"文"啦，荒唐也太甚。这人世间，只是质与文两者。两者之生，来源于治、乱。所谓质，乱之终，治之始。就是说，中心（内心）希望不能不为质，非矫（作为）。如果积渐而至于文，则治之极、乱之兆也。这也因为中心希望不能不为文，所以都是忠（真心）。

秦的时期，文极也，于是天下大乱而汉兴。汉之初，天子不能备齐钧驷（卤簿用的马），虽欲不质，不可能也。（太仓的米）陈陈相因，以至于贯朽粟腐（这是说财政充实），自然导致武帝的大有为之业。所以，汉高祖的神圣，是尧以后的第一人，文帝的柔和，是被囚于羑里的（周的）文王以后的第一人，西楚霸王项羽是继承蚩尤而再兴霸业者，武帝是继承黄帝而扩大［疆域］规模者，全部是千古大圣人，不应该轻率地批判。群雄尚未死，则祸乱不止；离乱尚未甚，则神圣不生。一文一质、一治一乱，（其原理），于是（据本书）应该知矣。

世纪·列传里的一个个人物论、时代批评，现在不提示。把项羽和武帝的功业叫作"千古大圣"（他还把秦之秦始皇称赞为"千古一帝"），这是他之崇拜不已的王阳明没有想到的事吧！即便在这里，"正其义，不谋其利；明其道，不计其功"这样的宋学的反功利主义，也完全［造成了］正相反的结果。

佛教及其他

关于卓吾，要想了解他，应该论述的问题，[诸如] 不可思议地未能发现"万物一体说"，或者著名的男女平等说等等，还很多，但现在想全部省略不论。最后想提出一个疑问，那就是对于他的佛教的作用问题。

他之出生的家庭是回族（伊斯兰），这已经叙述了。从他的这个出身来解释他后来对儒教之权威的果敢地挑战，的确是诱惑性的尝试，但迄今，似乎谁也不敢着手 [研究这个问题]。这是因为他自己在那些为数很多的著作中，没有留下予这一点以暗示的一言半句。自己是回族出身，不必说。那么，何时何故放弃回族 [信仰] 呢？或者对一般回族，他的见解如何？等等，全然没有言及，这确实只能说不可思议。

他的学问系统，最重要的，首先是阳明学，特别是阳明学左派，这有他自己再三所说的话为证，难以动摇，在研究者之间，亦没有异论。而且，儒、佛、道三者一致是他的主张，他受与其说道教倒不如说道家思想、老庄思想的影响的事，也不能否定（例如，一三〇页里引用了的那样的话，也可能视为老子的"大道废，有仁义"的影响）。尤其是，他一边明确地遵从老子一边极力主张"以民为愚"的政治，[又] 赞美武断的政治家、张居正、辩护商人（前期商人）、肯定侯外庐评论有"社会达尔文主义"臭味的强者·富者等，[这两方面] 关联[27]起来看，我认为最值得注意，然而现在不论。总之，关于卓吾的老庄之影响的问题，产生出所谓若不遵从老庄（它不是往往容易被认为的"邪说"，也是在私的领域里耽溺于那件事的自由）就不能出现那样的成果，是不可能那样想的。问题毋宁在这方面：理论上公开接受异端[28]，企图统一的把握异端和圣人之学的主动态度，是在阳明心学之内屈身生长下去的。这个三教合一的问题，或者作为思想的节操的问题，或者仅仅作为宽容的问题，也许能理解，然而大概不恰当。他们企图确认：由于将"学"的原理向内的"良知"这一点集中，又由于从"良知"这样的穷极境回顾整个中国史，所以一切的学说，各自都是真学的契机①。打算超越区区"儒学"而积极地确立"学"那个东西、即"中国之学"的立场，至少是开辟了那个机运的端绪。不用说，其原理是宋学的形而上学的原理，而且，就像明代的各种各样的新机运全都是那般一样，在结局、结果上，没有达到什么结晶就彻底结束。异端和儒学的统一，虽然仍必须期待清末的"诸子学"复兴、"国学"的创立，但是，每当我打开明之遗民方以智的《东西均》（一六五二年之际）（这个如同难解之象征似的哲学随感集）之类［著作］，不幸的是未发现仿佛能够确认的"新机运的端绪"。在《东西均》里，哪儿没有像三浦梅园《玄语》那样的感想呢？

但是，我最难理解的是关于卓吾的佛教的作用。卓吾笃信佛教，他自己也明说；即便根据其著述，也是清楚的。其佛教，仿效当时的风气，即禅净一致的风气。他特别喜好弄禅机的事为很多人所传，而像附录于《续焚书》的《永庆答问》那样的［言谈］，对我们门外汉来说，是稍微滑稽生疏的机锋纵横的禅师式的记录。"我的肉体，外面的山河，扩展的土地，所见之虚空，都只不过是我的妙明真心之中的一点物相"。（《焚书》四，《解经文》）——这件事，同像以往叙述那样的他的过激的评论活动，究竟是怎样的关系呢？我想谨仰识者的指教。在现在的中国，这些全都当作主观唯心论、神秘主义、时代之悲剧的矛盾的表现。总而言之，作为他的消极方面，且只作为那样的东西被评价，但果真可以那样评价吗？现今，中国近代革命思想史习惯将清朝的龚自珍置于开卷第一，而这个龚氏另一面还是热心的佛教信徒。戊戌政变的思想指导者，否，在清末的改革、革命运动中直接起到点火作用的康有为；与其说是改革派莫如说是革命思想家，主

---

① 译者注："契机"的原文亦有"要素"意。

动就义于刑场的谭嗣同；辛亥革命的"三尊"之一、彻底的民族革命主义者章炳麟，这些人，以天台、华严、唯识等为宗，尽管各不一样，但简言之都佛学深厚。佛教和激进的思想之关系，没有必要不仅从其消极的方面，而进一步作为积极的方面来把握吗？佛教另一面使这些人汪洋放恣直到难以收拾诸氏之思想地步，[但他们]究竟打算说什么呢？是肯定呢，还是否定？[其]道理一点也不明白。直到这样的地步，每每使做着却是事实。但是，例如像谭嗣同的《仁学》，没有佛教，果真能写成吗？又，卓吾的场合，无论是好还是坏，像佛教（禅）之持有的现实主义（它与思辨之极度的浪漫性，的确相表里）、舍身这样意图的实存主义的"心力"那样的思想，与[其]性格和阳明学一同作为积极要素起着作用，这不是必须承认的吗？假如果真那样，则那个作用之详细的道理，在理论上应该如何被理解呢？

注　释

[1] 这个定义根据张岱年《中国古典哲学若干基本概念的起源和变化》（《哲学研究》，一九五七年二月）。又，参照岛田《关于体用的历史》（塚本博士颂寿纪念·佛教史论集，昭和三十六年〔1961〕）。

[2] 楠本正继《全体大用之思想》（日本中国学会报，第四号，昭和二十七年〔1952〕）。又，该氏《宋明时代儒学思想之研究》（昭和三十七年〔1962〕）。

[3] 这一点，受冯友兰《中国哲学史》（一九三〇年）第二篇《经学时代》第 10 章《道学的初兴和道学的"二氏"之成分》的启示。

[4] 阖是封闭，辟是打开，宇宙的造化作用，是永远的"闭、开"这样的观点（《易经》），与《老子》的天地是风箱这样的说法，是相同的考虑吧。开是阳，闭是阴。

[5] 小岛祐马《中国学问的固定性和汉代以后的社会》（昭和七年〔1932〕）、尚收于该氏《古代中国研究》（昭和十八年〔1943〕）。

[6] 吉川幸次郎《近世中国的伦理思想》（岩波讲座伦理学，第一二册，昭和十六年〔1941〕）。

[7] 朱子的"气"的理论，历来很被忽视，现在幸亏有安田二郎《关于朱子的气》（收于《中国近代思想研究》）、山田庆儿《朱子的宇宙论》（东方学报、京都三七、昭和四十一年〔1966〕）。

[8] 安田二郎译《孟子字义疏证》（昭和二十三年〔1948〕、十九页）。

[9] 照想起来的列举，诸如个性主义、对异端的容忍态度、对文学·史学的肯定态度，等等。

[10] 今中宽司《徂徕学之基础的研究》（昭和四十一年〔1966〕）持此说。但是，它可以说完全缺乏文献性的实证，而且推论的方法，奇妙地固定于大江文城氏及其他近来之学者关于叶适的论断。从那一点反复演绎下去的方法，怎么也不能领会。

[11] 山井涌《明清时代之"气"的哲学》（哲学杂志、七一一号，昭和二十六年〔1951〕）、山下龙二《罗钦顺与气的哲学》（名古屋大学文学部研究论集二七、昭和三十六年〔1962〕）等，是我国代表性的研究。

[12] 王龙溪，名畿，浙江绍兴人，一四九八———五八三年。是进士，但官完全没有荣升。

[13] 以下此项，希望参照拙稿《中国近世的主观唯心论——万物一体之仁的思想》（《东方学报》京都，第二十八册，一九五八年）及本书的第一、二、三章。

[14] 丸山真男《日本政治思想史研究》二十页，是就德川时期的朱子学者所说。这就中国言，也适用。

[15] 侯外庐主编的名著《中国思想通史》全六册，另外，张岱年《中国唯物主义思想简史》等。侯外庐还有《中国哲学史略》（全一百一十页），此著有英译：A Short History of Chinese Philosophy, 1959, Peking。此外，为侯氏所编辑的"中国唯物主义哲学选集"，有五、六册。

[16] 详细论述参照拙著《中国近世思维之挫折》（一九四九年）及上列的拙稿。

[17] 就是说，从与荻生徂徕把道作为对于我们是"外"的特定的圣人之作为恰好正相反的立场，却导致出相同的结果。

[18] 像这样的"隐遁"之排斥，王艮（王心斋）、王畿（王龙溪）以下，在阳明学左派那里，最显著，有时甚至大体上能认为具有出

风头主义的特征。"吾人置身天地间，本不容退托"（龙溪），所谓退托，是说捏造借口而逃避（《东方学报》，前记拙稿四十四页以下）。这"不避嫌疑，不避诽谤"的态度，是通往所谓"狂"的态度。至于主动批判谈论"天命"者的心斋，又说"大人造命"；引用唐代的李泌之话语，李卓吾说："君主与大臣造命。君主和大臣谈论天命，则礼乐刑政皆成为无用的东西"（《墨子批选》非命之条），都归属那个延伸上。

[19] 孔子及孟子，把人的类型分为"中行""狂""狷"三类（或者加上"乡愿"，分为四类）。中行是中庸之人，最上，但很难得。狂是"进取"者，勇往迈进的理想主义，但往往不免言行不一致，这是其次。狷是"有不为"，照孟子的话，是"不屑不洁"者。最下等是"乡愿"，"阉然媚世"者，八面玲珑，"德之贼"（《论语·子路》《孟子·尽心下》）。阳明已经自以狂为任，到了阳明学左派，则强调"狂才是入圣学的真路"。"与其成为阔略无掩（缺点全部暴露）的狂上，不如成为完全无毁（完美无毁谤）的好人"。（王龙溪墓志铭里评价王龙溪的话）又，本文中，五伦云云，是李卓吾引用世之学者评价左派的何心隐的话（《焚书》三）。"以友为命"的热情的同志意识，是左派的特征。性真云云，是左派的王龙溪语。在《挫折》二八七页、中央公论社《世界的历史》第九卷一六四页，言及别的形式的、然而恐怕是同一来源的"狂"。总而言之，可以认为，"狂"与欧文·巴比特所说的"浪漫主义的人"，亲近点大概多。

[20] 参照田中正俊《民变·抗租·奴变》（筑摩书房《世界的历史》第十一卷）。"民变"（市民的蜂起）同所谓资本主义萌芽争论的关联，战后特别受到注意。

[21] 叶国庆《李贽先世考》（《历史研究》一九五八年二期）。若顺便

说，回族以回族身份接受科举（其原则不用说是儒教）而成为官吏的例子未必稀奇，但他的场合，被理解为放弃回教而改宗儒教的史料亦存在。

[22] 受戒得不到政府的许可，而蓄髯比什么都更便于继续进行反社会的积极的评论家、著述家的活动……

[23] 其后的事情，参照中央公论社《世界之历史》第九卷一五四页。又，应该一读广濑丰《吉田松阴之研究》（昭和十七年〔1942〕）下卷二篇第二、三章。又，人民共和国成立之后，一九五七年五月《藏书》上下两册，十月《续藏书》（使用明代的稿本，死后出）全一册，十二月《焚书》全一册（死后出，只是省略了附录的《李温陵外纪》太可惜），六一年三月《焚书》全一册，经过周密地校订而出版，一般的人容易弄到。这是应该大书特书的事。

[24] 中央公论社（《世界之历史》第九卷，一五二页）。

[25] 内藤湖南《目睹书谭》二二页（一九〇一年八月《日本人》）。

[26] 顺便说，所谓《焚书》，是"因览者生怪憾，当焚弃"的意思。

[27]《中国思想通史》第四卷下《李贽战斗的性格及其革命性的思想》一〇七五页。

[28] 所谓异端，例如，被考虑为净土真宗的异安心那样的意思，这在现今很普通，然而在中国毋宁是异教之事，以儒教来说，叫作"外道"。而且，关于李卓吾之异端的最特异之处，毋宁是表彰墨子吧。除著有《墨子批选》之外，在《明灯道古录》的末尾处，也极口称赞墨子，这一点，在某种意义上，也许成为黄宗羲的科举之科目里增加诸子（《明夷待访录》）这样的议论的先驱。

后　记

　　本书的主要部分，即第一、第二、第三章，原是为平凡社《思想的历史》第六卷（昭和四十年〔1965〕）写的内容。若进一步说它，则是昭和三十九年〔1964〕，为京都大学的东洋史的学生所授的讲义。课程的题目是《王阳明年谱》，但讲到后半，为了讲述的方便起见，就不得不概观朱子以来的思想史。它就是那时的产物。当作为面向一般〔读者〕的原稿时，不用说既有删减亦有增补，但在大纲上没有变动。关于最后的李卓吾一章，更是早就发表在《思想》四六二期（昭和三十七年〔1962〕十二月）的单独论文。

　　关于本书的由来，再一个想说的，是这样的事：相隔十八年才靠此著完成与岩波新书的约定。从前的新书有中国历史上的人物传记丛书的规划，我因吉川幸次郎的推荐，接受写王阳明。而且，事实上，至昭和二十五年〔1950〕春，就暂且完全写成。因为对该稿内容不抱有自信，故交付书店的打算怎么也不能定，请求推迟再推迟中，不知不觉到了今日。这期间，也曾蒙受了各种各样书店的厚意，现在，虽不是原来的《王阳明》那个书，但不管怎样，完成处理〔约定〕的事：以相关联的主题出版本书，这对我来说，不能不说是特别高兴的事。

　　昭和十六年〔1941〕三月，我以《阳明学的人的概念·自我意识的展开及其意义》的毕业论文，毕业于京都大学东洋史，二十四年〔1949〕，详细地修改其内容，《中国近代思维的挫折》（筑摩书房）于是问世。大概是年轻人的头脑一热吧，我不是没预想多多少少的反响，但结果是惨淡的。除只有一个山下龙二氏（现在是名古屋大学副教授），在《斯文》杂志上给予书评之外，谁也没有拿它单独作为书评对象。在学界杂志的惯例记事，所谓《回顾与展望》《学界时评》等专栏里，虽多少被言及，但独立地拿来书评的事，终究没有。老实说，这对我是残酷的回答，使我对《王阳明》的原稿失去了自信，或者，也许是由此导致意志沮丧。否，非常有[可能]。

但是，我不久就注意到自己的阳明解释具有严重的缺陷，这也只是没脸面说那样的缺陷。不交付《王阳明》原稿，不知为何踌躇，那都有理由。无论在毕业论文中，还是在《挫折》里、在原稿《王阳明》里，我都将王阳明思想只考虑为只有一个"良知"说这样的支柱，对另一个大支柱"万物一体"说的存在、其本质的重要性，是完全盲目的。现在想的话，除说真奇妙之外无语。为什么？因为阳明思想中万物一体说的重要性，可以说无论什么样的概说书都必定特书的内容，当写那篇论文或者后来的著作时，不用说，要相当的参照各式各样的参考书。否，自己是[学]"东洋史"的人，所谓"中国哲学"的门外汉这样的自卑感，包围自己的京都学风对宋学·阳明学持有独特的冷淡这一意识，像这样的因素，应迫使我更频繁地寻找参考书（我听过年度的小岛祐马先生的《中国哲学史概说》课，没有涉及这方面）。可是，直到最后的最后，都没有注意到阳明思想中"万物一体"所具有的意义，这叫作什么事呀！我在想，考证的论文里常套的方法，即某读过某某书的事是明白的，甲这样的事情在该书中写着，故某应该知道甲这样的事情这样方式的论证法，关于它无论运用到哪里都妥当的[看法，从该经历讲]，不是成为最可怀疑的吗！——闲话休提，虽然有点晚，但适当弥补我的阳明研究的那个缺陷而写了的文章是《关于中国近世的主观唯心论——万物一体之仁的思想》（《东方学报》京都第二十八期、昭和三十三年〔1958〕三月）。我感觉到我的阳明学研究，因这篇文章大致得到了总结。

诚然，关于作为以阳明学为限的阳明学，也许大致能那样说。但是，不能健忘，你本来的意图不是在于怀疑"明清的思想史好像是没有延续性"的学界的风潮而打算"理解明清思想史的正当的联系"（《挫折》序文）吗？而且，提起讨论明学和清学的关系，假如不追溯讨论宋学和明学，即朱子学和阳明学的关系，课题不是没完结吗？像那样的研究之后，阳明心学组成者的历史的处境，才能清楚地把握，这不是不言而喻的吗？

由极端的观念论哲学的明代的"心学"，现在又向应该说是客观主义化身的清朝的实证学，所谓"考证学"的推移，究竟应该怎样思索呢？考证学，像历来的成说那样，应该仅仅看作来源于对阳明心学的反省、反动呢？还是应该重视一贯于两者之间的东西，承认某些意义的"发展"呢？我曾经作下面那样的寓言性的展望。首先，我把《传习录》的话语："与其为数顷无源之塘水，不若为数尺有源井水，生意不穷"（参照本书一〇〇页），作为表现时代的基调的话语，引用了之后说：

现在想象吧，在这源泉混混涌出的井水的水位之上，被放置厚厚覆盖着的框架。井水自身，始终以不作为那个覆盖的忠实的内容为目标往上涌的吧。到那时，充满覆盖框架之内容的朱子学这样的半凝固，与覆盖物那个东西黏合着的水液，若从覆盖物那个东西来说，则应该是作为自己的保护膜的这个胶状体，它不适合作为这个覆盖物的内容。……生生不能已的这个井水，丝毫不打算不知什么时候超越本来的志向，直至到达动摇覆盖物那个东西吗？现在，它飞沫盛扬，不是开始责难覆盖物那个东西的不合道理吗？幸亏覆盖物尚厚，是坚固的，加之明清革命这样的沧桑之变突然发生而管理人替换，对覆盖物和保护膜实施加固工作。井水无可奈何地停止了向上推［开框］的打算，横开一条血路，喷出飞散，喷出鲜艳夺目的考据学彩虹。不久，这条彩虹，在那七色之中，开始格外显著地呈现公羊学之色带的时候，洞孔慢慢地直向覆盖物那个东西扩展下去吧。恰值巨炮坚舰和西欧民主主义的惊人的雨夹雪下向它，覆盖物那个东西也损坏，泉也因为降水而飞跃地增加水压。厚厚坚固的覆盖物的命运也如何？……（上列《东方学报》三七页）。

原文后面更继续这样的样式条理，［论曰］将"这个'生生'的具体的内容解释为生产力啦、解释为庶民的能量啦，或者毋宁解释为面临破产的地主阶级的歇斯底里啦，那恐怕任凭各人所好吧……"，结果，并没有一点实证性的解决。这一点现在闭眼装不知道吧！我想说的是，那个清朝的考证学，在最深刻的意义上，是明代的心学的继续、展开，只是它不是自然的展开，而是被强制、被歪曲、不幸的展开。（参照中央公论社《世界的历史》第九卷三六三页）所谓历史推移，经常不见得由于内在的原因，始终作为内在的必然性的扩展而显象。我并不怎么想把失败主义和转向的辩护论作为起因，但历史由于外在的压制性的力量而有可能无可奈何的、严重的被歪曲，其实例，那不就是清朝的考证学吗？人文的各种各样的分野里，应该被各种各样地分配的、发挥的能量，硬被集中在一条狭窄的血路里，那里有清朝考证学的那个应该惊叹的高度理由。

　　我的不稳定的阳明学研究中的三个大缺点：一、阳明思想论中的万物一体说的欠缺；二、关于阳明学和朱子学的关系的把握不充分；三、关于从阳明学向考证学的推移的把握缺乏。其中，关于第一点，已经在《东方学报》的论文里详细地论述了，其成果吸收于本书。关于第三点，这也如上所述，不是没有作某种预测，但还没有伴随充分的论证、叙述，只不过是预测。这个问题，于我是当前更是将来的课题。只是因为在本书中，关于同清朝的学术的关联，始终也不具有涉及的机会，所以只不过特别一言而作罢。所剩下的第二点，朱子学和阳明学的关系这样的问题，这才可以说是本书固有的课题，本书的全体，不外乎对这个问题的回答，就是说本书是在内面主义的展开这样的角度下领会朱子学—阳明学的历史，换言之性理学的历史，在那个角度下概括我之迄今的研究成果这样性质的著作。写毕业论文以来直到今日的我的立场是：排斥历来的一般的见解——将阳明学当作"陆王学"（陆是陆象山、王是王阳明），即作为陆象山学问的单纯的继承来领会、作为同朱子学直截了当地对立的形而上学来看——这样的历来的见解，将阳明学作为朱子学的展开来看，而这样的立场是一贯的。这也是我私下所自负的。阳明学浓厚地具有陆象山哲学之再版这样的色彩，这是事实。陆王学这样的叫法，不是不合理的。但是，那个解释可以说作为结果而那样完成，应该说合乎历史的理论的脉络。但那个场合，朱子学—阳明学的展开，在怎样的意义上展开呢？关于这个问题，我还没有到达最后的把握，但在上述三十九年〔1964〕的讲课时，却觉得好像能够清楚地把握。因此，被贝塚教授劝告做《思想的历史》的执笔时，我积极地接受了。

在我的思想里，认为像基督教史多是在泛欧洲视野下写成的那样，所谓儒教史、朱子学史，也应该首先作为贯通中国·朝鲜·日本（·越南？）的通史来写。朝鲜的朱子学，例如那个理发·气发说，不论对朱子理学教理一般，还是特别对日本的朱子学，如何做出了重大的、本质的贡献，阿部吉雄博士的《日本朱子学与朝鲜》（昭和四十年〔1965〕）有指点。我认为将那样的内容都正当地纳入视野之内的儒教史、朱子学史〔的写作〕，这才是当今的急务。一方面之极点，即儒教内面化之极点的阳明学，另一方面之极点，即外面化之极点的徂徕学，像这样构思的儒教教理史，根本不能写吗？当作为那个的准备作业，试图把"朱子学→阳明学"始终作为中国的那个东西①来理解，当本书写作时，这一点也是经常萦绕念头的一个主题。

本书具有对以往的我的研究作大致概括这样的意义，但绝不是专门书，毋宁属于所谓一般书、概说书的种类。但这个场合，仅作为朱子学·阳明学的史的概说书来看的时候，也未必是十全十美的书，这暂且不能不预先通知。作为概说书，当然应该采纳的项目，就是说，教科书式的中国思想史里、特别是在日本正在流行着的那些书里，虽然有历来被采纳惯了的项目，但不能采纳，或者不打算采纳的东西，非常多。例如，作为宋学大义名分思想的出发点的所谓春秋学，又，作为勃兴期宋学的副产品、担任正统的所谓宋学（周、程、张、朱之学）的可以说配角的王安石之学和苏东坡之学；此外，与朱子同时代的所谓"功利之学"的永康学派（陈龙川等）、永嘉学派（叶水心等）；或者夸耀传统于湖南省的胡氏一门之学，等等，若想对宋学作充分地叙述，也许即便多少也当然应该论述，但这回始终也无那样做的余裕。特别遗憾的是，关于宋、明时代的佛教、道教一点也没能涉及。宋学的时代、阳明学的时代，即使在佛教史上，也是极有生气的时代。像比朱子稍早些的前辈之看话禅的大慧宗杲、默照禅的宏智正觉，像与李卓吾大致同辈的紫柏真可、憨山德清等所谓万历四大师，我们已经熟悉。这同佛教之极度沉滞时代的清代，形成了鲜明的对照。关于道教，我完全无知，但目前我想指出下面二件事。在当时是金朝的领土的华北地区，进行了道教革新运动，由王重阳创立全真教，是在一一六七年，即与朱子同时代的事；在明代，与阳明——阳明学派同时期里仍然出现了袁了凡与林兆恩这样杰出的通俗伦理思想家，他们通常被视为道教的思想家。关于清代，我不知有那样的事例。——总而言之，本书即便作为概说书，也绝不是全面的书，只限于对我流动［的思绪］画仅是框架的草图。

149

---

① 译者注：似指思想之内面化。

　　写《思想的历史》时没能采纳的项目，而在本书里新增加的是：七二至七六页的关于朱子的名分论的部分，以及第三章第二节《阳明学之展开、特别是左派》。对比我国的朱子学的名分论、特别是作为君臣之大义的名分论中心观，我怎么也想不到，在中国的朱子里，像那样意义的名分论，居然垄断的占那种程度的大比重。即便是那样，或者那样的话就那样了，但完全不涉及这个问题，仍然是大缺点。实际上我极苦恼于这个问题，确信受欢迎的结论怎么也未得出。从日本朱子学直接类推的说法，暂且不管，宋以后的中国是君主绝对专制（在某种意义上我认为也可以说是"绝对主义"）的时代，作为这个时代的意识形态的朱子学，当然提倡"绝对的忠诚"。这样的说法，确实有一定的道理，从朱子的话语中找出足以支持这个观点的说法，也不是困难的事。加之，此说对日本思想史的研究者来说，似乎是令人满意的学说。我考虑又考虑、烦恼又烦恼之后，结果仍然宛如平生一贯的主张，归结为像本书那样的见解（又参照朝日新闻社中国古典选《大学·中庸》二七六页）。我恳切地希望大方的指教。

　　关于设立有关阳明左派的一节，没有什么特别的理由。写《思想的历程》时，这部分因为是小野和子氏的分担（第十一卷），所以我没有处理。但不能不包括阳明学的演变的此次［写作］，只能说当然不能不言及。只是，左派的最后阶段，即将儒教完全展开到可以说极限的最后路线的场合，呈现怎样的情况呢？关于也可以说以身显示它的李卓吾，幸好有曾经发表于《思想》杂志上的专论，所以将它附录于本书。因此文，我之意图的朱子学→阳明学的概观，我以为大体上可能完成了。

　　不用说，如果谈到奢望的话，是无止境的。例如我曾经写过："思想的暴徒之头目李卓吾，对世界文学史上无与伦比的混世（桑原武夫氏语）好汉黑旋风李逵所吹捧的最大等级的赞辞，不是无论在积极方面还是在消极方面都把'主观唯心论'的人所达到的境界作为精彩的象征吗？"（上列《东方学报》六八页）。可是，那以后虽然经常想试图论述，但不得机会论述的主题，这次也终于不得不目送它。更进一步，被内藤湖南评价为"明末清初的变了的风气之个性""正在充分发挥着的放逸的个性"等的石涛和八大山人——他们的流风余韵恐怕波及清代中期的"扬州八怪"吧——像他们那样可以说是"狂"性的画家、艺术家们，虽然最初计划论及他们，但这次还不能实现，等等。若说遗憾的话确是遗憾，但现在已经只能统统死心。最后，我唯一想回忆从前三宅雪岭评价大盐平八郎的话语。首先引用本书于一〇三页引用过的那个相同的阳明文章之后，雪岭说，阳明虽然高唱"狂"，但事实上他的行动毋宁是平稳的。"这虽然由于阳明的器量宏大，但假如当时急于救民的事是更重大的事，则不应该不更进一步。平八郎的行动颇偏激，缺少君子风度，不似阳明有大国的风度，然而……平八郎即使人品上在阳明之下，但其在知行一致方面，的确比阳明前进一步"（为国府犀东著《大盐平八郎》写的序文，昭和二十九年〔1954〕）。我相信，此话即便对于阳明后学之中的某种人们，也是能适用的说法。

假如将凡例的事写上一、二，则有：对人名，或用实名称呼（例如韩愈），或用字或号称呼（例如周濂溪），这只是采用我认为当今最通行的称呼，别无深意。从《传习录》引用的，附加号码，系根据岩波文库本（汉籍国字解全书本相同）。《太极图说》《通书》《西铭》《正蒙》《近思录》，因为也有相同的文库训注本，能容易查阅，故只举出书名。从其他书籍引用的场合，未必注记的事也有。

在后记的搁笔之际，最不胜感谢的是吉川幸次郎先生的指教。从二十几年前直接归属先生手下的时候以来，经常听到的是能读《朱子语类》这样的指点。可以说都听腻了。作为伟大的实在的典型！有安田二郎先生（但是，一刹那间从我们的面前消失了身影）。我虽望尘莫及，但打算努力实践先生的教训。于是就照着当时的兴趣趋向，这儿一卷，那儿一卷，随便胡乱阅读。那个难理解的宋代白话文〔我〕不应该准确理解吧，但那样的事却不介意，一旦有事的时候，有田中谦二先生和入矢义高先生在近旁！

151

就这样，一点一点地，自己推移地学朱子学，成绩如何，作为另外一个问题，而本书的刊行，同先生退休年龄辞官相前后，仍然不能不觉得深厚的感慨。本书也可以说是我向先生提交的竭尽全力的答卷。

最后，感谢不顾酷暑笔记最初原稿之口述的白西绅一郎君，并向岩波书店以前的编辑者堀江铃子女士道歉，感谢这次担当者高草茂氏的奔波。

岛田虔次

一九六七年四月

作者介绍

岛田虔次（Shimada Kenji 1917—2000 年），文学学士，国立京都大学文学部教授，东方学会会员，日本中国学会会员，中国古代哲学和古代史研究家；日本学士院会员；日本著名中国学家。

1941 年京都帝国大学文学部毕业。1945 年 3 月任东方文化研究所助教，同年 6 月应征入伍参加日军。1949 年任京都大学人文科学研究所东方编辑部副教授。1950—1956 年参加该研究所中国古典校注及编纂组工作。1960 年参加日中友好学术代表团访问新中国。1959—1962 年参加《亚洲历史事典》（10 卷本，平凡社刊）的编写。1961 年曾为中国哲学研究所《中国哲学史参考资料选辑近代之部》提供资料。1962—1966 年参加"六朝至唐中国思想界若干问题的综合研究"（此项目文部省科学研究费拨款 315 万日元），具体负责"六朝至唐的儒学思想的研究"。1964 年参加桑原武夫主编的《资产阶级革命的比较研究》的编写，撰写《陈天华的〈警世钟〉与邹容的〈革命军〉》等章。1965 年参加《思想的历史》第 6 卷《东洋封建社会道德》的编写，1965—1966 年参加《世界文学小辞典》的编写。1969 年任京都大学人文科学研究所东方部教授。1970 年参加《岩波讲座——世界历史》第 9 卷《内陆亚洲及东亚世界的发展》的编写，撰写《宋学的发展》等章。1970—1972 年参加《增订中国古典文学全集》（60 卷本，平凡社刊）的编辑，主编第 58 卷《清末民初政治评论集》。1973 年 3 月参加京都大学人文科学研究所代表团访问中国。1974 年赴法国巴黎，进行中国思想史研究。1975 年转任京都大学文学部教授。1976 年参加《中国哲学史的展望与摸索》的编写，撰写《尧舜是民主政治吗?》一章。1977 年以来在京都大学文学部开设"明末的思想与社会""刘师培思想"及"《御批历代通鉴辑览》讲读"等课程。1981 年 5 月，应华中师范学院的邀请，到该校讲学，同时与武汉地区、北京地区的学术界进行学术交流。1997 年任日本学士院会员。

主要著作有：

《近代思维的挫折》（筑摩书房，1949 年初版，1970 年再版）；

《中国革命的先驱者们》（筑摩书房，1965 年）；

《大学·中庸译注》（朝日新闻社，1967 年）；

《辛亥革命的思想》（筑摩书房，1968 年）；

《朱子学与阳明学》（岩波书店，1967 年初版，1974 年 9 月再版）；

《荻生徂徕全集》（主编，みすず书房，1973 年）；

《王阳明集》（朝日新闻社，1975 年）；

《关于新儒家——熊十力的哲学》（同朋舍，1987 年）；

《隐者的尊重——中国的历史哲学》（筑摩书房，1997 年）；

《中国的传统思想》（みすず书房，2001 年）；

《中国思想史研究》（京都大学学术出版会，2002 年）。

译者后记

当读罢陕西师大出版社副总编景存璧同志告我本书已发排的短信时，我真是感慨万千！屈指一算，从开始译这部书至今，已五度春秋。一九八一年五月，岛田先生应华中师院的邀请，到该校讲学，这期间同武汉地区的学术界有过学术讲座。事先，为了有效地交换学术见解，萧萐父老师嘱我将本书摘要译出。尽管当时学习紧张，我还是欣然答应了这一嘱托，结果译出了一个二万余字的摘要稿。恰好，这一年的十月，在杭州召开"全国宋明理学学术讨论会"，会前我译了本书的第三章《阳明学的创立及展开》，并铅印出来，作为参考资料提交会议。后来，这份铅印稿由萧萐父老师寄给了早已返回日本京都的岛田先生。岛田先生很快回信致谢，并肯定译文基本正确。这使我深受鼓舞，决心不恤浅薄，努力将本书全部译出。于是，当一九八二年七月冒怀辛先生飞赴夏威夷参加"世界朱熹学术讨论会"之际，我便托他带信给亦赴会的岛田先生，表示将继续译完其著，希望进一步得到他的支持。岛田先生回国后，立即寄来《朱子学与阳明学》，并来信表示同意在翻译之事上予以帮助。无奈，先因忙于学业，后又为工作上的琐事干扰，一直拖到一九八三年三月才把本书全部译完。碰巧当年的十一月，"全国首届思想史学术研讨会"在西安召开，我便乘机将译稿油印成册，送给与会代表以征求意见，同时给岛田先生寄去两册，请他校审。虽然手头有许多写作任务要赶着完成，但岛田先生还是认真地推敲了译稿，提出了许多修改意见。接到岛田先生寄回的校订本后，根据他的意见，我于一九八五年九月对译稿作了最后修订、修改。定稿以后，陕西师大出版社出于中日两国学术交流的良好愿望，在正处创社的艰难时期，毅然接受了这部译稿。对此，本书的作者、译者都十分感激。

现在，我想有必要交代一下翻译方面的具体事项。本书据"岩波书店"一九八〇年十月版《朱子学与阳明学》译出。原著正文为三章，而中文本的第四章，本是附录于正文后的单篇论文，我考虑到它在内容上与前三章相贯通，遂征得岛田先生的同意，改为第四章。在翻译时，做了以下技术处理：译文一般采用直译，不得已非增字不可，则标 [　] 为记，以区别原著固有的（　）括号；凡原著固有的注解，其标号一例照旧标示，只是原著正文的注解与附录论文的注解标号是分开的，中文本一并移到全书的末尾统一编号；原著自注参照该著的页码，一一相应改为中文本页码；凡属于岛田先生后来在通信中对有关问题的解释，我觉得可以据为注解的，均明志为"作者补注"字样，而译者加的注，则明志"译者注"字样，为区别原著本来的注解，这二种注一律采用脚注的形式；原著的引文，在译成汉文时，尽管参照了原文，但我有意不照抄，因为我觉得这样更有益于读者了解岛田先生对汉语资料的理解，不过有几处引文，因为岛田先生的要求，还是只字不差地照抄了原文；原著中有些概念，如内面主义等，因难以找到一个贴切的中文词来表达，本着与其"格义"不如"照搬"的原则，只好采取难免大方讥笑的"硬译"。需要强调的是，我事先这样说明，并不是想侥幸逃过大家的批评，由于自己学识浅薄，这部译著在翻译方面，一定有许多不足甚至错误之处，我诚恳地祈求同志们不吝赐教。

在本书的翻译、出版过程中，曾得到张岱年先生的真诚关心、萧萐父老师的再三鼓励、岛田先生的热情帮助、陈俊民老师的无私扶持、刘蔚华老师的耐心指教、陕西师大出版社编辑同志的辛勤指导、周亚洲等同学的热忱支持，我在这里谨向他们致以衷心的感谢。

蒋国保

一九八五年五月于合肥

译者的话

  《朱子学与阳明学》中译本于 1986 年 7 月由陕西师范大学出版社出版。那时，岛田虔次先生尚健在，记得中译本出版后，他来信致谢，并随信开来二十余人中国大陆学者的姓名，让我代为转赠，我一一照办。当年寄书的情景，仿佛眼前，但好似弹指一挥间，迄今岛田虔次先生逝世已十七度春秋。岛田虔次先生如天堂有知，定会对《朱子学与阳明学》中译本的修订再版满怀喜悦；而作为译者，我在修订时，除了对岛田先生的怀念，更多的是思考这么一个问题：这部以日本一般读者为对象的论著，对中国一般读者来说，有什么值得一读的价值。这个问题，可以说从修订一开始就萦绕在我的脑海里，待修订完善，关于这部论著对中国读者有何价值，我最终形成的主要看法有三：它可以作为宋明理学精确的概要书来读；它可以具体了解岛田虔次先生对宋明理学的独特理解；它可以窥见岛田虔次先生关于中日思想的独特比较。

  《朱子学与阳明学》，译成中文，近十万字。但是，即便以严格的专业眼光来看，它也堪称宋明理学之精确的概要论著。所谓宋明理学，有广狭之分，广义的宋明理学，指宋元明清四代九百多年的中国哲学思想发展史；狭义的宋明理学，指宋元明三代六百多年的中国哲学思想发展史。说《朱子学与阳明学》为概要的宋明理学，是从狭义来说的。以广义的《宋明理学史》（侯外庐、邱汉生、张岂之主编）来说，所直接论及的宋元明三代的理学家（哲学家）七十多人，篇幅达八十多万字；以狭义的《宋明理学》（陈来著）来说，设章直接论述的理学家也有 23

位，篇幅达三十多万字。由此看来，要用近十万字的篇幅来概述狭义宋明理学，是十分困难的。那么，岛田虔次先生是如何做到的呢？他的做法是紧紧抓住足以反映宋明理学精神发展的根本问题来取舍论述对象与确定论述环节。正如他自己在本书的"后记"里所说："本书是在内面主义的展开这样的角度下领会朱子学—阳明学的历史，换言之性理学的历史，在那个角度下概括我之迄今的研究成果这样性质的著作"，岛田虔次先生是将整个宋明理学（狭义）视为内面主义精神形态的学说，他是从"内面主义的展开"这样的视域来叙述宋明理学。"内面主义"是岛田先生惯用的一个词，但对中国读者来说，却有点费解。"内面"一词，在日文里有"内心""精神"，"心理"等含义。由此可以推知，在岛田先生那里，所谓内面主义，当是用以指称以主体人及其生命精神与思想意识为研究对象的理论体系。从本书"内面主义诸成果"一节来看，它具体包括这些层面：（1）致思取向上的轻"外"重"内"，以为"天下无心外之事，无心外之理"；（2）人论上以为人人都固有"良知"，因而人人有成为圣人之可能，凡人与"圣人"的区别，取决于"外"，不取决于"内"；（3）以"心"为"理"的浑一立场，导致对人的欲望的肯定；（4）从"心"至上的立场，导致"六经"是"吾心之注脚""吾心之财产之目录"之价值判断，因而由标榜"尊经"走向对于"六经"的轻视甚至嘲笑，最终挑战权威，不以孔子是非为是非；（5）倡导自我主义、个性主义、积极主义、"动"主义；（6）对人之"情"的重视，谴责"伪"，崇尚"真"，等等。基于对内面主义这些层面的把握，岛田先生在阐述宋明理学思想发展时，不但置整个元代理学以及宋明之"气学派"（张载之"气学"例外）理学于不顾，更是毫不涉及反理学的内容，只取足以反映内面主义思想之发展的代表人物的思想来叙述。为方便落实这一叙述，该著坚持以下叙述原则：以人物年代的先后体现思想产生的早晚（历史），以问题贯穿各家思想的联系；各家思想问题的设定，兼顾独特性与共通性。独特性显现每个理学家的历史地位；共通性凸显理学家的生命精神与思想价值及其时代意义。

视《朱子学与阳明学》为宋明理学之概要论著，并不等于说它不深刻。实际上，它的深刻性，即便对我国的中国哲学专业的学者来说，也极具启迪。其启迪是多方面的，这里仅举五点，以片窥全：其一，在中国哲学界，对于狭义的宋明儒学，主要采用二种叙述法，不妨称为两系叙述法、三系叙述法。二系叙述法为大多数学者所采用，将狭义宋明理学叙述成程朱客观唯心论（理学）与陆王主观唯心论（心学）二大发展系统；三系叙述法为牟宗三独自采用，将狭义宋明理学叙述为程明道至刘宗周、陆象山至王阳明、程伊川至朱熹三系发展。两系叙述与三系叙述，差异明显，但在着眼于思想之差异上却惊人的一致。与这两种叙述方法相比，岛田先生对宋明理学的叙述，可谓一系叙述法，即将整个狭义宋明理学作为同一的内面主义之思想展开来叙述。他认为，宋学的顶峰是朱熹，而朱熹的思想意味着"宋学所志向的内面主义尚未充分实现自己的原理"，势必向明代的内面主义思想发展，而阳明学则是明代内面主义思想的顶峰，所以《朱子学与阳明学》的叙述，就侧重在描述这两个顶峰形成的过程及两个顶峰之间思想上的联系，以强调王阳明的内面主义思想乃朱熹的内面主义思想的合理的发展。因为将整个狭义宋明理学视为内面主义精神的合理发展，所以他对理学家思想的叙述，在方法论上恪守两点，一是注重选取足以反映内面主义精神的思想，另是注重从内面主义层面来把握各家思想的一系性的联系。坚守这两个原则，使岛田先生的宋明理学的叙述，既删繁就简、精致扼要又主旨精深、周全系统，堪称特色鲜明的匠心之作。

其二，我国学者通常侧重从经济、政治、思想、文化层面探讨宋明理学所以兴起之缘由，岛田先生则不然，他着眼于宋明理学的主体来探

159

讨这个问题。他认为宋明理学始于宋学，而宋学的主体是士大夫，所以在他看来，宋明理学是士大夫之学，反映了士大夫生命精神，体现了士大夫的思想。岛田先生所谓士大夫，是指伴随科举制度的确立而产生的知识阶层，它"至宋代成为确乎不动之势力的独特的统治阶级"。但士大夫未必以经济处境、政治地位为必须的条件。士大夫的特征，首先在于他们是知识分子，是"读书人"，是儒教经典之教养的保持者。士大夫不是"封闭的身份"，而是"把能力作为原理的开放的阶级"。其能力，"就是儒教经典的教养的能力"。士大夫希望将自己的"教养和能力同政治直接结合"，这样的辉煌展望，"与货币经济所产生的社会生气相因果"，给士大夫阶级带来了"独特的朝气和理想主义"。而"所谓宋学，无非是如此高昂的士大夫的意识与教养之理论化、组织化者"。

其三，我国学者对宋明理学所以产生之思想起源的探讨，通常的做法是探索佛道思想如何影响到理学的产生。岛田先生并不反对这样的探讨，也不否定佛道思想对宋明理学的产生确有影响，但他明确地反对将这一探讨只限于类比或分析两者在概念、论断、命题上的相似性，主张从思想的本质上分析佛道思想与理学思想的实质性的联系。例如，在阐述道教的影响时，他不关注理学与道教如何使用相同的术语，而关注"窃'天地造化之机'"这一人与宇宙共感的神秘体验；又如，在分析佛教"体用"理论对理学的影响时，他对两派观点——或以为理学之"体用"式的思维皆源自佛教，或以为中国本来就有"体用"式的思维，理学之"体用"式的思维未必来自佛学——皆不取，却认真分析理学在思想形式上必然要采用体用逻辑形式。岛田先生认为，"体用概念是非常容易同中国式的思辨融合的东西，中国思想可以说是本来的，或潜在的体用思想。"所以，佛教的体用逻辑被宋明理学所吸收，"与其说是作为异种逻辑全然地被消化，倒不如说它起到了恰如放入豆腐里的卤水那样的作用"。

其四，在我国，虽然从冯友兰先生开始就注意程明道与程伊川的思想分歧，待到牟宗三，更将明道与伊川分属不同派系，但在叙述宋学（程朱理学）历程时，大多学者都是二程并称，且更看重朱子学对程伊川之思想传统的承袭，不曾有学者探讨朱子在思想上亦有承袭程明道的一面。与中国学者的认识有别，由于从内面主义把握宋明理学思想展开，岛田先生一方面将明道与伊川在思想上加以区别，以特别强调明道"万物一体之仁"的"仁说"在确立理学精神上的开创意义，另一方面更注意挖掘朱子学与明道思想的联系，强调朱子虽然在思想继承方面"可以说差不多完全继承了伊川"，但他从内面主义发展理学，未必不出于程明道的影响，只是其影响不彻底，使得朱子学中"宋学所志向的内面主义尚不能充分实现自己的原理"，还不得不承认"外"。正因为对朱子学持这样独特的认识，所以岛田先生对朱熹思想的整体把握，与我国学者的把握也多有不同。他认为朱子学大致可以分为五个方面，即"理气"说的存在论、"性即理"说的伦理学或人学、"居敬、穷理"说的方法论、《四书集注》（指《四书章句集注》）之类的注释学、社仓法与劝农文之类的政策论，但"性即理"说部分"构成朱子学中心"。朱子学所谓"性"，是存在于个别之中的"存在之理"，而所谓"理"，"若总体上讲，则是宇宙、万物的根据，是使宇宙当然而然那样地存在的原理；若具体地说，是使具体物作为具体物的原理"。"性即理"说作为人学，其诸范畴固然可以统一于体用这一对范畴，但"朱子的特征是不轻率地说体用一致，而是经常首先极力主张两者的区别"。而就存在论讲，张载的"气学"，几乎完全为朱子所吸收，朱子的存在论，是理气二元论，并不是客观唯心论的"理"一元论。

其五，对阳明学，我国学者的主流认识是以为它系主观唯心主义形态的"心学"，它在哲学上接续的是陆象山的思想传统而以朱熹为论敌、否定朱子学的基本立场与理念。岛田先生对阳明学的把握则不然，他虽然视陆象山为朱熹的论敌，但由于他从内面主义视角将阳明学作为朱子学的合理的展开，所以他根本不谈阳明对象山的传承，只谈阳明对朱子学的传承与超越。在他看来，阳明一开始就是"从朱子学出发的"，只是在格竹子失败后，才在致思取向上逐步由"外"转向"内"。但这一转向，并不能看作他由朱熹的立场转向象山的立场，而应看作他想弥补朱子学的不足——在朱子学里，"宋学所志向的内面主义尚未充分实现自己的原理，尚处在不能不承认'外'这样的阶段"，以便"使这个内面主义彻底化，把'外'的权威完全夺给'内'的人"。为了克服朱子学"拿'外'来补'内'"的根本缺陷，阳明从新解释"格物致知"、天理与人欲，以阐述"知行合一""万物一体之仁"，从而构建了彻底内面主义的哲学体系，成功地揭示了"良知与万物一体的结合"。但是，对阳明学如此内面主义思想的性质，岛田先生却做出了这样的界定："阳明学明显地具备客观唯心论的特征"。对习惯于以阳明学为主观唯心论的中国学者来说，这个定性无疑振聋发聩。

《朱子学与阳明学》虽然不是一部中日思想之比较的论著，但从中常常会意外发现岛田先生关于中日思想差异的论断。本书中的中日思想之差异的比较论断，在岛田先生那里，也许是不经意顺便提及，但对中国学者来说，却感到十分新颖。这种新颖感，不同的学者会因学养不同而有所不同，以我并不深厚的学养而论，感受比较深的有这么几点：（1）在中日朱子学比较上，似乎存在一种轻视中国的朱子学而抬高日本朱子学的倾向，而岛田先生的中日朱子学之比较，不支持这种倾向，因为在他看来：与中国的朱子学所具备的"为天地立心，为生民立命，为往圣继绝学，为万世开太平"的担当精神相比，"日本的朱子学……极其缺乏为天地、为人类、为学之传统，而且为万世这样的规模雄大的精神"；（2）在中日思想比较中，荻生徂徕是常提及的一个日本思想家，他早年信奉朱子学，晚年受中国明代学者李攀龙与王世贞的影响，成为日本古学派的代表人物。由此看来，荻生徂徕并不信奉阳明学，但岛田先生在本书中却告诉我们："荻生徂徕实行的圣人和道的彻底的'外'化，与将圣人和道的'内'化推到极点的阳明学，在很多点上达到了共同的结果。"岛田先生并没有分析造成这一共同结果的原因，他只是将此归结为"日本人的'聪明'"。更值得注意的是，他为荻生徂徕的"聪明"惊叹的同时，更强调在中国，直到清朝灭亡，"像这样'道'的彻底外面化的尝试，始终没有出现"；（3）除个别例外，我国学者在研究朱子学时，并不太注意其著《资治通鉴纲目》，但通过岛田先生的述说，我们清楚地知道，朱子的这部书，在日本产生了重大的影响。一方面，它遭受否定性的批评，被荻生徂徕痛骂为"的确是没有用处的学问"；另一方面，它得到积极的肯定，其正名主义、名分主义，被说成是"明治维新的尊王倒幕思想的一个源流"。

　　我关于《朱子学与阳明学》对中国读者之价值的认识，是初步的，很难说全面、深刻，衷心希望读者诸君通过自己认真的研究，加深对它的认识。为了使读者更方便地研读本书，我觉得仍有必要就翻译上的技术处理等事项在这里做补充说明：1. 这次修订所据底本系岩波新书（青版）637 系列版本，即一九六七年五月第一版、一九八三年二月第十八次印行本，该本与我据以翻译的一九八〇年十月版本，在文字上是否稍有差别，因为一时找不到一九八〇年版本，这次修订时未能核对，敬请读者谅解；2. 这次修订，在翻译体例方面，与首次翻译时所采用的体例，完全相同，如果说稍有差异的话，则仅限于一点：凡书中以片假名形式出现的引文，尽量以汉语文言文形式翻译，但未必核对原文；凡书中以平假名形式出现的引文，一律以汉语白话文形式翻译，以更准确地反映岛田先生对引文的理解，而这样区别，在首次翻译时，实行得并不严格；3. 这次修订，距首次翻译已过去了三十几年，译者的心态、学养、理解能力，甚至行文风格，与三十几年前相比，毕竟大不同，这就使得这次修订本与陕西师范大学出版社出版的那个版本，在文字上、在句子的理解上难免出现一些差异。我强调，尽管那些差异在我看来未必是根本性的差异，但如有读者发现它属于实质性的差异，以为有必要两者取一，以消除对岛田先生思想的不同理解的话，那么请以修订本为准。同时，我必须申明，这次修订，由于岛田先生已逝世，未能像首次翻译那样得到他的指教，所以如果存在根本性的错误，责任全在译者，与岛田先生没有任何关系；4. 书中所附"作者介绍"，稍异于1986年版本所附的"作者介绍"，这是因为对作者的介绍必须有所补充；5. 书末所附"1000—1700年代大事年表"，表为岛田先生亲制，但取该名称，系译者所为。

我早就有修订重版译著《朱子学与阳明学》的愿望。现在此愿望得以实现，首先要衷心感谢邓红教授，没有他在版权方面、在立项方面为本译著的修订重版不懈地争取机会，本译著的修订重版想必遥遥无期。本译著修订本得以顺利印行，山东人民出版社的责任编辑，在编辑、校对方面付出了大量的精力，对她的辛劳，也表示真诚的感谢！

"文化交流贵会通，译书能起桥梁功；小译岂堪担大任，聊表愿望心情衷"，我愿这部拙译能起到促进中日思想交流的绵薄作用。

蒋国保

2017年9月3日于苏州大学